"¡Este libro es fuego viviente! Us[...]
mismo después de haber abierto las páginas de *El fuego de su santidad*".

—Cindy Jacobs,
Cofundadora de Generales de Intercesión
Autora de: *El manifiesto de la reforma,
El poder de la oración persistente, Líbranos del mal*

"Sergio Scataglini ha escrito un libro que explica cuidadosamente la naturaleza sobrenatural de la experiencia redentiva por la cual todos deben pasar para llegar a ser verdaderamente nacidos de nuevo".

—Elmer L. Towns,
Autor de *Mi nombre es Jesús*

"Sergio Scataglini, quien ha vivido y presenciado el avivamiento ardiente en Argentina, hará que cada lector sienta arder su corazón. Prepárese para entrar en *El fuego de su santidad*".

—Esteban Hill,
Autor de: *Avalancha espiritual*

"Sergio Scataglini es un tesoro y una joya: un estudioso de excelencia y un teólogo que ministra con el poder del Espíritu Santo. Su poderoso testimonio y las revelaciones que ha recibido son presentadas con el estilo amable y ameno de su personalidad".

—John Arnott,
Pastor Toronto Airport Christian Fellowship de Canadá

Conozco a Sergio Scataglini como su pastor y amigo. Lo conozco, lo amo y confío en él. Oro porque lo que Dios ha hecho en su vida y ministerio toque a todo aquel que lea estas páginas.

—Paul Cedar
Presidente de Misión América, Palm Desert, California

"Es como si el dedo de Dios hubiera grabado las paredes del corazón de Sergio Scataglini, y luego Sergio arrancara las páginas de su corazón para presentarlas en este libro. El Señor le dijo a Sergio "Santidad", y Sergio nos dice a nosotros "Santidad". Nadie puede hablar convincentemente del fuego de Dios si no ha sido "quemado" por él. ¡Que todos podamos ser incendiados de igual modo!"

—Tommy Tenney,
Autor de *En la búsqueda de Dios*

"Este libro es el testimonio de un hombre que arde por el fuego de la santidad. El Sergio Scataglini es un gran amigo y un gran hombre de Dios. En este libro, Sergio presenta un mensaje profundo que es central para la vida cristiana. Este mensaje lo conmoverá, lo llevará primero al altar del quebrantamiento, y luego lo exhortará a elevarse a un nuevo nivel de sensibilidad espiritual y de victoria en cada área de su vida. ¡Prepárese ya para morir a usted mismo y poder vivir la vida verdadera!"

—Claudio Freidzon,
pastor de la Iglesia Rey de Reyes

"¡Qué maravilloso es cuando el Dios viviente interrumpe nuestros planes! Este libro, que lo exhorta a rendirse al amor santo de Dios, puede ayudarlo a recibir la plenitud y satisfacción que usted desea para su vida".

—Ché Ahn, Pastor
Presidente de la Iglesia Harvest Rock

EL FUEGO DE SU
SANTIDAD

Prepárese
para entrar
en la presencia
de Dios

SERGIO SCATAGLINI

CASA
CREACIÓN
Para vivir la Palabra

Para vivir la Palabra

MANTENGAN LOS OJOS ABIERTOS,
AFÉRRENSE A SUS CONVICCIONES,
ENTRÉGUENSE POR COMPLETO,
PERMANEZCAN FIRMES,
Y AMEN TODO EL TIEMPO.
—1 Corintios 16:13-14 (Biblia El Mensaje)

El fuego de su santidad por Sergio Scataglini
Publicado por Casa Creación
Miami, Florida
www.casacreacion.com
©2000-2022 Derechos reservados

ISBN: 978-0-88419-702-7
E-book ISBN: 978-1-62998-788-0

Desarrollo editorial: *Grupo Nivel Uno, Inc.*
Apatación de diseño interior y portada: *Grupo Nivel Uno, Inc.*

"Este es el libro de un predicador: nació hablado antes que escrito, y usted notará esa particularidad en su estilo, especialmente en detalles como la alternancia del tratamiento de 'usted' con el de 'tú', conservada en ciertos casos para marcar el pasaje de una situación más formal o exterior a una de mayor intimidad."

A menos que se indique lo contrario, los textos bíblicos han sido tomados de la Santa Biblia, Nueva Versión Internacional® nvi® ©1999 por Bíblica, Inc.© Usada con permiso.

Nota de la editorial: Aunque el autor hizo todo lo posible por proveer teléfonos y páginas de internet correctos al momento de la publicación de este libro, ni la editorial ni el autor se responsabilizan por errores o cambios que puedan surgir luego de haberse publicado.

Impreso en Colombia

24 25 26 27 28 LBS 9 8 7 6 5 4 3 2

Este libro está dedicado a mi esposa, Kathy:

*Amiga, mano derecha en el ministerio
y acompañante en cumplir la voluntad de Dios.*

RECONOCIMIENTOS

Deseo expresar mi reconocimiento a un grupo de personas que me ha animado e influido en la búsqueda de Dios, sus caminos y su gran Comisión.

Primero debo mencionar a mis padres, el Rev. Alberto J. Scataglini e Isabel, que inculcaron en mí un respeto profundo por las cosas de Dios.

Ed Silvoso tomó tiempo para escribirme, incluso cuando yo era un adolescente, y orientarme en las cosas del Señor. Él estuvo a mi lado cuando me hallaba en la universidad, en el seminario y cuando era un recién casado. Siempre ha tenido una palabra oportuna para darme, y un desafío para que yo proteja las prioridades de Dios. Ed ha sido el líder cristiano de mayor influencia sobre mi vida.

Wick Nease, gran hombre de Dios, dedicó tiempo a asegurarse de que mi corazón continuara próximo al de Dios. Él ha sido para mí un modelo de carácter y de estabilidad.

Para mi esposa y para mí, el Dr. C. Peter Wagner fue mucho más que uno de nuestros profesores en el Seminario Fuller. Él y su esposa Doris, estuvieron allí para nosotros cuando fuimos enviados al mundo para ministrar. Valoramos no solamente las enseñanzas espirituales de Peter, sino también su amor y su amistad.

¡No se puede conocer a Carlos Annacondia sin ser desafiado! Es un verdadero ejemplo de un hombre santo cuyo corazón late por los perdidos. Su simplicidad, su honestidad y su humildad han sido una inspiración para mi vida.

También debo mencionar a mi amigo Claudio Freidzon. Lo que un día fue una amistad como muchas otras entre compañeros de cuarto en el Instituto Bíblico, dio paso a lo que somos hoy: ministros unidos y amigos íntimos con una pasión común por ver las vidas transformadas por la unción y el fuego de Dios. Claudio y su esposa, Betty, han sido una influencia constante en mi vida, animándome a que viva bajo la unción de Dios.

Quiero decir gracias muy especialmente a mis hijos, Nathaniel, Jeremy y Miqueas, quienes son parte de nuestro equipo y ministerio. ¡Son soldados excelentes, que fueron reclutados "involuntariamente" en este ejército para servir! Han demostrado mucha gracia al entregarme (como su mamá, Kathy) el tiempo y el espacio para escribir este libro.

También debo mencionar a mi congregación y al equipo de trabajo de Puerta del Cielo. La tendencia natural es no querer que el pastor esté fuera, pero ellos verdaderamente me han brindado cobertura espiritual a través de sus oraciones y ayuno por cada uno de mis viajes. Debo también agradecer a esas hermanas de la iglesia (especialmente Marta Blanco, Lidia Napolitano, Raquel Monzón y otras) que cocinaron y nos llevaron comida, dándonos más tiempo para que mi esposa y yo pudiéramos terminar este libro. ¡Su espíritu de servicio nos ha bendecido!

Gracias a María del Carmen Fabbri Rojas por revisar, junto con Marta Blanco y Bety Elía, la traducción al español. Sus sabias modificaciones han añadido claridad y precisión al mensaje de este libro.

Finalmente, deseo reconocer a mi esposa y compañera en el ministerio, Kathy. Ella pasó muchas horas mecanografiando, transcribiendo, traduciendo e interpretando pacientemente mi material para este libro, varias veces bajo mucha presión. Sin ella, este libro no estaría en sus manos.

ÍNDICE

PRÓLOGO

Tengo la sospecha de que en los últimos dos años usted ha oído sobre la santidad más de lo que había escuchado nunca antes.

Con esto no quiero decir que los cristianos hubieran quitado la palabra "santidad" de su vocabulario. Sin embargo, la tendencia fue enfatizar la santidad de Dios o, cuando referíamos la santidad a nosotros mismos, tratarla como algo de lo que sería bueno tener más, pero sin llegar a preocuparnos tanto.

Las cosas están cambiando rápidamente. El Espíritu Santo ha comenzado a hablar a las iglesias acerca de la santidad con una intensidad no vista nunca antes, al menos en nuestra generación. El tema esta siendo subrayado en mensajes, prédicas, conferencias, artículos, libros y aulas, atravesando barreras denominacionales y regionales. No cabe duda de que Dios se propone elevar a todo el cuerpo de Cristo a nuevos niveles de pureza, santidad y obediencia a su completa voluntad.

Sergio Scataglini ha emergido como uno de los líderes más usados por Dios en este tiempo de expansión de la santidad. No podría estar más gozoso y sorprendido. Sergio es mi exalumno—y mucho más. Él y su esposa, Kathy, fueron miembros de la clase de Escuela Dominical que enseñé por muchos años. Me siento como un padre que no estaba seguro de cómo iba su hijo a desarrollarse en la vida. Y de pronto Sergio se convierte en un reconocido líder internacional. ¿Por qué? Porque consintió que Dios lo visitará con una experiencia maravillosa de santidad personal. El recibió de Dios la unción sobrenatural para comunicar el mensaje de santidad al resto del cuerpo de Cristo.

¿Por qué Dios no escogió a alguien como Sergio Scataglini para que nos presentara este mensaje años atrás? No me sorprende que Dios eligiera a alguien que ha sido tocado por el avivamiento de Argentina. De hecho, el mayor suceso de los comienzos del avivamiento argentino ocurrió en la iglesia donde ahora Sergio sirve como pastor. Para aquel entonces Alberto Scataglini, el padre de Sergio y buen amigo mío, era el pastor de la iglesia en la cual el nombre de Carlos Annacondia comenzó a hacerse conocer—primero en Argentina y ahora alrededor del mundo. Pero el avivamiento argentino llevaba 15 años cuando Dios trajo al primer plano el mensaje de santidad a través de Sergio.

La hipótesis con que respondo a mi propia pregunta es que Dios deseaba asegurarse de que un segmento significativo del cuerpo de Cristo hubiera recibido el poder del Espíritu Santo, que estuviera sanando a los enfermos y echando fuera a los demonios, que un gran número de inconversos se estuvieran entregando a Cristo, que el pueblo de Dios entendiese la naturaleza de la guerra espiritual para extender el Reino y que estuvieran en el camino adecuado. Para lograr eso, Dios escogió trabajar a través de líderes como Omar Cabrera, Carlos Annacondia, Eduardo Lorenzo, Claudio Freidzon, Edgardo Silvoso, Pablo Deiros, Pablo Bottari y muchos más. Cada uno de ellos ha tenido un rol significativo en aventar las llamas de avivamiento en Argentina. Ahora ellos tienen respetados ministerios internacionales, pero ninguno ha llegado a ser particularmente conocido por comunicar el llamado radical de Dios a la santidad personal.

Quizás si la santidad hubiera sido un tema principal en el comienzo del avivamiento se habría convertido en la única prioridad. La historia recuerda muchos casos en que el entusiasmo por la santidad en las vidas de los creyentes se convirtió en autosatisfacción y devino en el abandono de la evangelización de los perdidos. Eso es lo último que Argentina o el resto del mundo necesita. Sin embargo, en el avivamiento argentino la pasión por ver a las almas entregarse a Cristo ha sido sembrada tan profundamente, que un fuerte mensaje de santidad sirve para continuar acrecentando las llamas. Por eso es que Sergio Scataglini ha titulado su libro *El fuego de su santidad*.

El Señor esta levantando su ejército alrededor del mundo para realizar el avance más explosivo de la historia contra las potestades del príncipe del poder del aire. Por esta razón el cuerpo de Cristo necesita moverse a un nuevo nivel, y ese nivel es de total entrega a la santidad personal. Estoy de acuerdo con Sergio en que para Dios el 98% de santidad no es suficiente. Él exige el 100%.

El libro que usted tiene en sus manos ha sido divinamente ungido como un instrumento para ayudarlo a llegar a ese nivel. Puede ser que usted no atraviese una experiencia de cambio de vida tan dramática como la de Sergio, ni deba andar "por el piso" como él, pero si usted le da a Dios libertad para obrar en su vida en la forma que Él quiera, usted sin duda alcanzará ese nivel, porque ésa es la voluntad de Dios.

Mi oración es que, cuando lea este libro, usted reciba la impartición completa del fuego de su santidad.

—C. PETER WAGNER
INSTITUTO WAGNER DE LIDERAZGO

INTRODUCCIÓN

Antes de que comience a leer este libro, permítame que le advierta: *¡Usted será desafiado a cambiar!* Mi querido hermano y hermana, si se siente satisfecho con su relación con Dios, este libro no es para usted. Porque en estas páginas descubrirá una combinación de dos cosas: el testimonio de la intervención directa del Dios Todopoderoso en mi vida, y un instrumento para impartir lo mismo en su vida.

Este libro trata con el tema de la santidad. Quizá usted se pregunte: "¿Por qué debo leer esto y agregar condenación a mi vida? Hago lo que puedo y cada domingo dependo de la gracia de Dios para recibir lo necesario para sobrevivir durante la siguiente semana".

Déjeme preguntarle: ¿Es ésa realmente la mejor forma de vivir?

Es cierto que este mensaje es radical. Sin embargo creo que aún más "radical", es el hecho de que la mayoría de los cristianos predican y enseñan sobre la vida abundante y victoriosa en Jesús y pasan por alto el *primer paso* para alcanzar esa vida: dar muerte a la vieja vida. *¡Así que si usted decide seguir adelante y leer este libro, prepárese para morir!*

Si está descontento con su vida cristiana y desea experimentar la verdadera victoria, este libro es para usted. Estas páginas no tratan con una celebración sino con un entierro. Pero ¡ánimo! Porque después de la muerte viene la resurrección. Tenemos que aprender a morir a nosotros mismos para ser resucitados enteramente a una nueva dimensión de la vida cristiana victoriosa.

Fui cristiano durante muchos años antes de llegar a entender este proceso. Esta semilla de trigo debió pasar varios años en la tierra antes de que se rompiese y muriera. Llegué a ese lugar de quebrantamiento después de varios años de buscar su rostro. Por eso puedo sentirme identificado con la mujer cananea, que se acercó a Jesús para que sanara a su hija, y sólo recibió de El reiteradas respuestas desalentadoras. Pero ella nunca se dio por vencida (vea Mateo 15:22–28).

Quizá usted diga: "Vengo del lugar equivocado". A Jesús le pasó lo mismo (Vea Juan 1:45–46). Puede ser que se sienta como un perdedor. ¡Qué bueno! Porque entonces está listo para el fuego. Pero quizá se sienta demasiado orgulloso para recibir este toque de Dios. En ese caso...no habrá remedio hasta que usted sea quebrantado.

Hemos visto que mucha gente está ansiosa por "entrar en el ministerio" y encontrar su función dentro del Cuerpo de Cristo. Muchos Gedeones se animan a conducir a las tropas y derrotar al enemigo. No hay nada malo en eso, pero debemos mirar la primera parte de esa historia tanto como su conclusión.

La primera acción de Gedeón contra los madianitas fue destruir los ídolos de Baal. El enemigo llamaba a Gedeón por el nombre de "Jerub-Baal", que significa: "Deja que Baal contienda con él". Le decían así porque él había destrozado todos los ídolos de Baal en una sola noche (vea Jueces 6:32).

Es importante destruir nuestros propios ídolos antes de emprender otras batallas espirituales. Debemos purificarnos a nosotros mismos y a nuestro entorno antes de intentar ganar al mundo o realizar grandes logros para Cristo.

Si usted no está buscando el fuego de su santidad, usted está en un camino diferente al que estableció Jesús. "Pero ¿qué es el fuego de Dios?", se preguntará. Es el toque transformador de Dios, que le hace a uno odiar el pecado con vigor renovado y, en fe, nos hace perseguir apasionadamente la santidad. El resultado es un amor por Dios que consume, combinado con un deseo ardiente de ver que las almas perdidas lleguen a Cristo.

El cristianismo verdadero es una religión de buscadores y seguidores. La mayoría de la gente religiosa no se sentirá cómoda con este libro. Han aprendido a vivir la vida cristiana aceptable. Los conceptos de estas páginas serán molestos para los que, en su celo religioso, "filtran el mosquito pero tragan el camello" (es decir, los cristianos legalistas). Recientemente escuché este dicho: "Lo bueno" es el mayor enemigo de "lo mejor".

Mi amigo, el renombrado evangelista argentino Ed Silvoso, me dijo "Dios está cómodo cuando nosotros estamos incómodos". ¡Oro que este libro haga que usted y yo nos sintamos incómodos para que Dios se sienta en su casa!

—Sergio Scataglini
La Plata, Argentina

CAPÍTULO 1

CAPTURADO POR SU FUEGO

A principios de mayo del 1997, saludé a mi congregación en la ciudad de La Plata, Argentina, y les dije: "Los veré en una semana. Voy a visitar varios lugares de avivamiento en los Estados Unidos y les traeré informes de lo que el Señor está haciendo." Básicamente, como pastor de una iglesia creciente de la capital de la provincia de Buenos Aires, pensé que estaba haciendo las cosas bien para el Señor, y suponía que todo lo que necesitaba para fortalecer mi ministerio era recibir un toque de El en estos lugares de avivamiento.

Sin embargo, había en mi corazón un clamor, una oración extraña que había estado haciendo durante los meses anteriores. Varias veces, mientras me encontraba de rodillas, me había oído a mí mismo decir: "Señor, si no traes otro avivamiento, prefiero morir; no deseo vivir más". Entonces reprendí a mi alma, porque tengo tres hijos pequeños y una esposa maravillosa. Además, al ministerio no le iba tan mal, así que pensé: "¡No debo orar de esta manera, *porque el Señor puede responder y llevarme con Él!*"

Pero al día siguiente me encontraba orando las mismas cosas. Entonces entendí que el Espíritu Santo estaba poniendo en mi corazón una carga por el avivamiento; estaba desarrollando un hambre santo por el Señor. El predicador escocés John Knox solía decir, "Señor, dame Escocia o me muero".

Como muchos otros, oraba por el avivamiento, pero no me preparaba para recibirlo. Viajé a Pensacola, Florida, con la intención de visitar el avivamiento de la Iglesia Brownsville de las Asambleas de Dios. El derramamiento en esta iglesia había comenzado el Día del Padre, en 1995. Desde ese entonces, más de tres millones de personas han visitado ese avivamiento, y centenares de millares han renovado o entregado sus vidas a Cristo. Este avivamiento está marcado por un llamado profundo hacia el arrepentimiento.

No fui decepcionado por lo que vi en Pensacola. Me regocijé en el Señor, viví horas de gloria y de bendición, y presencié cómo centenares de personas pasaron al frente para recibir a Cristo. Tuve una experiencia maravillosa en Pensacola y sentí que Dios me había tocado. Pero no tenía idea de cuán profundamente lo había hecho. Después de estar una noche en Pensacola, a la mañana siguiente partí muy temprano para Elkhart, Indiana, donde vive la familia de mi esposa y donde está instalada nuestra oficina ministerial de Estados Unidos.

CORRIENDO HACIA LA PRÓXIMA REUNIÓN

Llegué a Elkhart el viernes, y me sentía restaurado y renovado. La mañana del domingo, 18 de mayo de 1997, pasé a saludar brevemente a la congregación de Zion Chapel, que había sido nuestra iglesia cuando vivíamos en los Estados Unidos. Disponía solamente de unos minutos en el programa de esa mañana, pues luego predicaría otro visitante. De hecho, se suponía que me iría rápidamente para predicar en otra iglesia. Lo que no sabía era que el Señor tenía planes diferentes.

Compartí un saludo y entonces el pastor, Steve Chupp, dijo: "Pidamos al Pastor Sergio que pase al frente para que podamos orar por él antes de que se vaya a predicar a Maranatha Fellowship, y así les pueda llevar el fuego a ellos". Ésas fueron sus palabras. Él invitó a algunos jóvenes a que oraran por mí. (Tú sabes, amado lector, que los jóvenes son realmente peligrosos cuando están en las manos de Dios).

Varios jóvenes comenzaron a orar muy tranquilamente por mí mientras yo estaba parado enfrente del santuario, justo delante de la plataforma. Hasta ese momento todo ocurría normalmente y de acuerdo al boletín de la iglesia. Cerré los ojos mientras los jóvenes comenzaban a orar; mi mente no estaba en el avivamiento ni en nada semejante: estaba apurado por llegar a la otra iglesia para predicar. Pero de repente, mis manos comenzaron a temblar sin mi permiso, y no podía controlarlas.

Fui criado dentro de las Asambleas de Dios. Mi papá, Alberto Scataglini, era un líder prominente de las Asambleas de Dios en Argentina, donde sirvió como superintendente de la denominación y en varias otras funciones. En nuestra denominación (y especialmente con el entrenamiento que recibí de mi padre) cuando un pastor está en el púlpito, él está al control. Sí, dejamos que el Señor nos use, pero no dejamos que las cosas se salgan fuera de control. Como decía mi papá: "Si el pastor pierde el control, ¿qué sucederá con el resto de la congregación?"

Ése es un consejo sabio. Pero en este caso, por primera vez, me estaba sucediendo en el púlpito algo que no podía controlar. Pensé: "Esto está fuera de lugar". Abrí los ojos y miré a la congregación, frente a mí: a nadie más le temblaban las manos. Apreté mis manos firmemente, intentando detener los temblores ¡y entonces todo mi cuerpo comenzó a temblar! Recuerdo que trabé mis rodillas y traté de pararme

23

con firmeza en un inútil intento de frenar el temblor que corría por todo mi cuerpo. Y entonces me caí al piso.

Algo extraño me sucedía y me dije: *"Esto no tiene sentido; debo levantarme"*. Estaba en el piso, temblando incontrolablemente. Miraba a la congregación y ellos me miraban a mí. ¡Habían dejado de orar y todo era silencio! El pastor comenzó a dirigir algunos coros. Creo que no sabían qué hacer conmigo. En un momento lloraba y al otro reía. Me sentía apenado, sorprendido y sumamente feliz, todo al mismo tiempo.

Pensé: *"Tengo que salir de aquí"*. Intenté levantarme tres veces. La tercera vez dos líderes de la iglesia me ayudaron a ponerme en pie. El pastor asociado me sostenía, mientras el pastor bajó del púlpito y se paró a mi lado.

Llorando, le dije: "Pastor, no me deje interrumpir esta reunión; por favor sáqueme de aquí". Pero este pastor puso su brazo alrededor de mi hombro y me dijo: "No estás interrumpiendo, hermano. Esta es la presencia de Dios". Sus sencillas palabras fueron un bálsamo para mi alma.

Finalmente, dos hombres me ayudaron a caminar. Pensé que me llevarían a un cuarto apartado, pues deseaba desesperadamente estar a solas con Dios. Pero ellos tuvieron la mala idea de sentarme en primera fila. Continué temblando y cada pocos minutos me caía al piso y alguien tenía que levantarme y sentarme en la silla. Entonces comencé a gritar. Como tenía mi pañuelo, me tapé la boca con él diciéndome: "No debo interrumpir esta reunión". Hice todo lo posible por refrenarme, pero cuanto más intentaba controlarme, más fuertes eran las olas del Espíritu Santo que venían sobre mí.

Tiempo después aprendí que eso que había experimentado era el fuego de Dios. Como ya describí en la introducción, este fuego santo es un toque directo de Dios que nos motiva a odiar el pecado y amar la pureza, con el propósito de ganar almas para el Reino. Es una pasión que consume y nos hace amar a Dios con todo el corazón, alma, mente y fuerzas. Ese día sentí literalmente que olas de poder cubrían mis huesos y mi cuerpo. Su gloria estaba allí. En aquel instante no sabía cómo llamarlo. Sin embargo, ahora sé que el fuego de Dios es muy bíblico. Cuando Juan el Bautista le estaba preparando el camino a Cristo, se refirió al bautismo de fuego cuando dijo:

> Yo a la verdad os bautizo en agua para arrepentimiento; pero el que viene detrás de mí, cuyo calzado yo no soy digno de llevar, es más poderoso que yo; él os bautizará en Espíritu Santo y fuego.
>
> —Mateo 3:11

En el verso siguiente, Juan dice:

> Su aventador está en su mano, y limpiará su era; y recogerá su trigo en el granero, y quemará la paja en fuego que nunca se apagará.
>
> —Mateo 3:12

Su fuego es un fuego santo; no se apaga y quema el pecado de nuestras vidas. Los que no se sometan a su fuego, serán quemados completamente, como la paja desmenuzada. Su fuego arderá, ya sea en purificación o en juicio.

ENFRENTANDO A MIS SUEGROS

Sin pedirme permiso, alguien fue a la oficina de la iglesia y llamó al pastor de la iglesia donde me esperaban para predicar, y le dijo: "Parece que este hermano no va a poder predicar hoy". ¡Me tomó dos semanas poder llegar a esa iglesia para predicar!

Mientras estaba hundido en mi asiento de primera fila, pensaba: *"¡Oh, qué ola tan maravillosa del poder de Dios. Estoy seguro de que voy a predicar poderosamente esta mañana!"* No tenía noción de que ya había pasado una hora y media. Hacia el final del servicio el pastor se me acercó, me ayudó a pararme y colocó el micrófono delante de mí, pues quería que ministrara un poco a la congregación. Al intentar hablar, me di cuenta de que no lo estaba haciendo correctamente. Sé que tengo un acento hispano cuando hablo en inglés, pero esto era peor.

Algunas personas se acercaron para recibir oración y noté que después de orar por ellos, algunos temblaban igual que yo. Me asusté; era demasiado para mí en un solo día. Luego, un hermano me hizo una pregunta un poco embarazosa; dijo: "Hermano, ¿necesita que alguien lo lleve a su casa?" Le respondí: "Sí, pienso que lo necesito". Yo estaba con un coche prestado, y este hermano me llevó a casa en él.

Tenía una sola oración al llegar a la casa de mis suegros: mientras continuaba temblando, llorando y riendo, oré: *"Señor, por favor no dejes que mis suegros me vean en este estado"*. Oraba para que no estuvieran en casa cuando yo llegara. Realmente oré con fervor. Permítame explicarle: mis suegros son cristianos que aman al Señor. Creo que estamos en el mismo reino, sólo que en diferentes vecindarios, y a través de los años hemos tenido cierto nivel de tensión teológica. Oré: *"Señor, no permitas que esto sea causa de división"*.

Cuando abrimos la puerta de la casa, mis suegros estaban parados frente a mí. Yo no podía caminar muy bien y el hermano que me había conducido a casa me sostenía para que no me caiga. No podía hablar con claridad, pero recuerdo que le dije a mi suegra: "Mamá, estoy bien, no te preocupes. Pero por favor no me mires". Inmediatamente mi suegra levantó sus manos al cielo; comenzó a llorar y alabar a Dios, y entró en un ayuno de tres días. Y cuando me iba acercando a mi habitación, para mi sorpresa, la escuché decir: "¡Esto es lo que necesitamos en nuestras iglesias!".

El hermano comenzó a hablarles y explicarles lo qué había sucedido, lo cual me dio la oportunidad de llegar finalmente hasta mi habitación. No podía caminar, pero podía arrastrarme y gatear. Comencé a subir lentamente las escaleras. Por fin llegué a mi habitación, en el segundo piso, y cerré la puerta. ¡Qué feliz me sentía de poder estar solo! Continué temblando y llorando y sin saber qué me sucedía. Dos horas después, las manifestaciones cesaron totalmente. Todo volvió a la normalidad y no tenía más temblores. Pensé: *"Tengo muchas cosas que contarle a mi iglesia de La Plata"*. Creí que ése había sido el final de mi experiencia.

No fue un toque sino una transformación

Como creía haber vuelto a la normalidad, bajé a explicarles a mis suegros lo que me había ocurrido. Antes de poder hacerlo, mi suegra me puso enfrente un plato de comida y dijo: "¡Qué maravilloso es el Señor!", y cuando lo dijo sentí que la gloria del Señor volvía a caer sobre mí. Caí hacia atrás sobre el piso y comencé a temblar. Luego empecé a arrastrarme otra vez hacia las escaleras para llegar a mi habitación.

Debía confirmar a otro pastor de la zona que predicaría en su iglesia, pero no podía ni siquiera hacer una llamada telefónica. Yo pensaba: *"Señor, si este fuego proviene de ti, ¿por qué no me estás dejando hacer mi trabajo? Debo estar ocupado, más ocupado que nunca"*. Sobre mi escritorio tenía una lista impresionante de cosas por hacer. Además, el boleto de avión era caro y sentía que mi responsabilidad era hacer cosas. Miraba la lista y la lista me miraba a mí.

Deseaba ocupar mi tiempo para el Señor; pero el Señor tenía otros planes para mí. A El no le interesaba mi agenda. De hecho, ¡la hizo pedazos!

Esa noche fui a una reunión unida de varias congregaciones. Me senté en la parte posterior, y de pronto la presencia del Señor vino sobre mí y comencé a temblar incontrolablemente. Me dije: *"No sé que va a pensar la gente si esta manifestación comienza otra vez"*. Así que corrí a mi coche y continué temblando mientras conducía de una población a otra. Sólo deseaba llegar a la casa de mis suegros y esconderme allí.

> *Al Señor no le interesaba mi agenda:*
> *¡La hizo pedazos!*

Al día siguiente, la presencia del Señor era aún más poderosa. Comencé a planchar mi camisa a las 7 de la mañana, porque quería salir de la casa y hacer las cosas que tenía que hacer para Dios; pero no acabé de planchar mi camisa hasta cerca de las 3 de la tarde porque mientras planchaba la gloria del Señor llenaba el cuarto y yo caía al suelo en adoración.

La manifestación de su presencia

Dios no es igual a nosotros: El es más poderoso, por eso no cabe dentro de nuestros viejos moldes. Por eso no puedes tener un derramamiento del Espíritu Santo en tu vida y conservar los mismos odres. Debemos cambiar los odres antes de que el Espíritu pueda descender sobre nuestras vidas. Si estás muy aferrado a tus propios hábitos y patrones de vida y viene el Espíritu Santo, El romperá los odres viejos.

Los odres nuevos son diferentes porque se estiran. El Señor impartirá a muchos de ustedes una flexibilidad especial para el Espíritu Santo. Dirás: "Señor, yo puedo estirarme; no importa que tenga más de 40, 50 o 60 años: en mi corazón hay lugar para tu voluntad".

Mateo 3:11 dice: "El os bautizará en Espíritu Santo y fuego". Hay tanta gente que dice: "Oh, recibí el Espíritu Santo hace quince años". Creo que el Espíritu Santo llega a nuestros corazones cuando recibimos a Jesús, ése es el comienzo. Su presencia está con nosotros: no podríamos ser cristianos sin el Espíritu. Pero después viene el bautismo del Espíritu Santo. Cuando recibimos a Cristo, el Espíritu viene a morar dentro de nosotros. Cuando recibimos el bautismo del Espíritu, el Espíritu fluye y se desborda a través de nosotros. Pueden ocurrir diversas manifestaciones externas, según Dios disponga, pero la segura evidencia interna es el poder para testificar (vea Hechos 1:8) y una pasión renovada por Dios y por las almas.

De alguna forma hemos cometido el error de separar al bautismo del Espíritu Santo del fuego del Espíritu Santo. Debemos recordar las palabras de Juan el Bautista, quien no separó las dos cosas, sino dijo que Jesús nos bautizaría con el Espíritu Santo y con fuego. Una cosa va con la otra. Estamos destinados a hacer grandes hazañas para Dios y a vivir vidas de pasión santa.

Muchos cristianos no producen fruto porque dicen: "Tengo el Espíritu Santo, pero no tengo el fuego. No tengo el fuego para las naciones, para mi ciudad o para mis familiares perdidos". Hermanos, El se está moviendo poderosamente como nunca antes, y se está manifestando a través de señales, milagros y prodigios. Creo que el Espíritu Santo es el mismo hoy, mañana y ayer, pero Él puede elegir cómo manifiesta su presencia a su pueblo. Él puede manifestar su presencia a través de un maravilloso río de unción, pero también puede manifestar su presencia mediante un abrupto fuego de Dios. Él está en el terremoto, y Él está en el silbo apacible.

La unción es dulce, y puede describirse como el depósito de dones y gracia que Dios coloca en nosotros. Es la presencia tangible de Dios para cumplir el ministerio. Pero el fuego es abrupto ¡y consumirá todo lo que tienes! El fuego agrega combustible a la unción y nos capacita para llegar a mayores niveles de santidad. El fuego nos da poder; la unción nos equipa.

Dios decide cómo elige manifestarse, pero sin duda el trato del Señor con su Iglesia es más fuerte en estos días. La Novia de Jesucristo está casi lista para el Esposo. El Espíritu Santo está planchando las últimas arrugas y está limpiando las manchas que aún quedan. ¡Está preparando una Iglesia hermosa para la gran boda entre su Iglesia y nuestro Señor y Salvador Jesucristo!

¿Estás listo para que el Espíritu Santo interrumpa tu agenda y haga lo que Él quiera? A veces decimos: "Señor, cambia mi vida, pero no cambies mi formalismo. No toques mi territorio seguro. Ésta es mi área de comodidad y no quiero que te acerques demasiado". ¡Pero el problema es que cuando oras por un avivamiento, lo recibes!

El Señor quiere descender con poder sobre cada persona. Sobre todos. Pero debemos dejar que el Espíritu Santo haga su trabajo, a su manera y en su tiempo, porque el Señor Todopoderoso es soberano.

Capítulo 2

EL TEMOR DE DIOS

Los dos primeros días en que el fuego del Señor cayó sobre mí pude sentir las olas del Espíritu Santo fluyendo sobre mi vida, pero mi mente no fue transformada hasta el tercer día: fue entonces cuando todo cambió. Recuerdo que desperté y había tristeza en mi habitación. La misma hermosa presencia de Dios que el día anterior había sido cariñosa y me abrazaba, ahora parecía rechazarme y se me acercaba con demasiada fuerza. La presencia de Dios estaba peligrosamente cerca de mí.

Esa mañana, la santidad de Dios estaba tan cerca y era tan fuerte dentro de mi cuarto que me atemoricé y comencé a retroceder. Retrocedí hasta quedar con la espalda contra la pared, y pensé: *"¿Qué estoy haciendo? Ésta es la presencia espiritual del Señor. No puedo ocultarme de ella"*. Comencé a orar: "Por favor Señor, no más". Era la primera vez en mi vida que oraba de esa manera. Tenía tanto temor que dije: "Señor, no puedo soportar más. Eres demasiado santo".

A veces cuando estamos a cierta distancia de Jesucristo nos sentimos cómodos con nuestro estilo de vida; pero cuando Jesús se acerca mucho, nos incomodamos. Quizás al leer este libro te incomodes. Oro que así suceda. Deseo que digas: *"¿Qué me está sucediendo?"* Amigo lector, te aseguro

31

que la santidad del Señor puede descender sobre ti; que su presencia y su fuego son reales. Cuando Él se acerca a su pueblo, las cosas cambian dramáticamente, pues no podemos entrar al lugar santo de Dios sin ser transformados.

Entonces dije: "Señor, ¿qué esta pasando? Sé que algo anda mal. Por favor ten misericordia de mí. No me mates aquí". Pero Dios no me respondió palabra alguna.

Esa tarde fui a caminar alrededor de la propiedad de mis suegros. Mientras iba por un camino de grava, el poder de Dios vino repentinamente sobre mí y caí de rodillas. Fue tan repentino e imprevisible que inmediatamente comencé a llorar, y el Espíritu Santo empezó a mostrarme el pecado en mi vida. Me mostró las áreas donde el pecado había entrado silenciosamente y que seguían sin resolver.

Nací y me crié en un hogar cristiano. Mis padres me leían la Biblia desde pequeño. Ellos me criaron en los caminos del Señor, pero ahora Dios estaba tratando con cosas que yo había considerado "pecados evangélicos". Cosas pequeñas, a las cuales la Iglesia parecía hacer la vista gorda y decir: "Bueno, es aceptable mirar a una mujer con un poco de codicia. Solo hay que asegurarse de que las cosas no vayan más lejos, que no pasen a ser pecados serios". Yo había aceptado una distorsión de la enseñanza bíblica según la cual es aceptable tener un porcentaje de pecado en nosotros. Pero ahora el Espíritu Santo me resistía. Él ya no me abrazaba.

El tiempo no borra el pecado

Mientras estaba en ese camino de grava, el Señor señaló cosas específicas que no estaban bien en mi vida. Había pensado que el tiempo borraría esos pecados, ya que eran tan "insignificantes". Pero se me recordó que un pecado pequeño sigue siendo un pecado, y que todo pecado es maligno y destructor. Me hizo recordar un tiempo en que había endurecido mi corazón contra un hermano, y podía ver el lugar preciso donde esto sucedió: nunca lo maltraté, pero había hecho un compromiso silencioso de no volver a acercarme a él. Me recordó las veces en que mis ojos se habían demorado demasiado tiempo en imágenes que no agradaban al Señor.

Comencé a llorar por mi pecado y experimentaba tanto dolor por mis errores que me sentía enfermo, como si me estuviera afiebrando. El Espíritu Santo comenzó a hablarme y mi mente empezó a comprender lo que el Señor estaba tratando de hacer. Me dijo: "Por cuanto eres tibio, y no frío ni caliente, te vomitaré de mi boca". Sorprendido, le dije: "Señor llevo años en el ministerio; soy predicador de tu Palabra. Ayuné la semana pasada y oro todos los días. ¿Cómo puedo estar tan engañado? ¿Por qué no había visto esto antes?"

El 98% de santidad no es suficiente

El Señor me dijo: "Desearía que fueras tan frío como un pagano, para poder salvarte una vez más, o tan caliente como un creyente que me ha entregado el 100% de su vida, pues entonces podría usarte como Yo quiero hacerlo". Y me repitió esta severa advertencia: "Pero por cuanto eres tibio, y no frío ni caliente, te vomitaré de mi boca". Pregunté al Señor por qué yo no había discernido esto antes y me contestó: "Engañoso es el corazón del hombre, y desesperadamente perverso". Me aterroricé. No podía creer que Dios me estuviera diciendo esas cosas. Entonces el Señor me habló otra vez y dijo claramente: *"El 98% de santidad no es suficiente"*.

Algún tiempo después leí un artículo sobre la leucemia, donde decía que la enfermedad comienza con un cambio genético en *una sola célula blanca* en la sangre de la médula. Esa enfermedad contra la cual oramos y por la cual vamos a los hospitales para ser tratados, comienza con un cambio genético en una sola célula. Mis amigos, ¡de esa misma manera funciona el pecado en nuestra vida, aún en la vida de un ministro, un siervo de Dios! Él experimenta un cambio genético, un cambio espiritual en su corazón. Quizás un poco de lujuria, quizás un poco de envidia, quizás una mentira pequeña. Quizás el pecado es un cierto odio o rencor contra alguien de la iglesia que le está haciendo la vida imposible. Eso es bastante para contaminar el sistema entero. Entonces no podemos decir como el Apóstol Pablo dijo, "De nada tengo mala conciencia" (1 Corintios 4:4).

Muchos creyentes sólo han experimentado las bendiciones de Dios hasta cierto punto. Sin duda que sus bendiciones son maravillosas, pero para ser utilizados poderosamente por Él, debemos ser limpiados. El mismo Señor que nos ama y nos bendice viene para hacer cirugía en nuestros corazones. No podemos estar en el ministerio y tener hábitos pecaminosos en nuestras vidas privadas. Algunos han dicho: "Bien, entonces dejo el ministerio". ¡No! ¡Saca los malos hábitos de tu corazón! ¡No dejes el ministerio por tu pecado, deja el pecado por tu ministerio!

> *¡No dejes el ministerio por tu pecado,*
> *deja el pecado por tu ministerio!*

Podría decirse que yo era un fariseo de fariseos. Mi meta era ser bastante santo, hacer las cosas bastante bien, y aprobar el examen de la vida con una calificación de 80%. Pero el Señor tenía demandas distintas: me reprendió por mi autosuficiencia y mi santidad parcial, y expuso la mentira de mi corazón. Entonces entendí mi mayor error: no estaba tratando de ser como Jesús, simplemente estaba tratando de ser bastante bueno.

En ese momento sentí que toda mi religiosidad y disciplina eran como trapos inmundos en su presencia. Comprendí que no había creído que el Señor me había llamado a ser como Jesús. Había creído incorrectamente que Él me había llamado a ser una persona bastante buena. La semana antes de viajar a los Estados Unidos había tenido un tiempo de ayuno y había orado con intensidad, y me sentía bien conmigo mismo. Me sentía casi un 90% santo.

A veces permitimos que pecados en apariencia insignificantes queden sellados en nuestros corazones; pero déjame hacerte esta pregunta: ¿Qué porcentaje de maldad piensas que Él nos permitirá llevar con nosotros cuando llegue el Día del Señor?

Allí, todavía de rodillas en el camino de grava, Dios continuó hablándome de una manera que cualquier niño podría entender. En aquel momento me hubiera costado entender cosas muy complejas, así que Él me dijo: "Nadie se levanta por la mañana, prepara una taza de café, le echa una gota de veneno, lo revuelve y se lo toma". Pero me mostró que mucha gente en la Iglesia permite gotas de veneno en sus mentes y en sus corazones, y esta pequeña dosis diaria de pecado los está destruyendo. Nadie compraría una botella de agua mineral cuya etiqueta dijera: "98% de agua mineral pura; 2% de agua cloacal". Sin embargo, muchos cristianos han permitido que las aguas cloacales espirituales se infiltren en sus vidas.

> *Nadie compraría agua cuya etiqueta diga: "98% de agua mineral pura; 2% de agua cloacal"*

Muchos piensan: *¿Por qué pierdo tan rápidamente la fortaleza del Señor? Será porque soy un fracasado, o quizás*

35

*porque no tengo la preparación o la educación que nece-
sito.* Hermano, cuando hay pecado en nuestros corazones,
aunque sea un 1%, puede llegar a destruir cada gramo de
devoción en nuestras vidas.

CONVICCIÓN DE PECADO, NO CULPABILIDAD

Lloré, confesé y me arrepentí. El Señor no señaló generali-
dades, sino que mostró pecados específicos en mi vida. Satanás tiene un ministerio falso que utiliza especialmente en la
Iglesia, es el ministerio de hacer sentir culpable. La Biblia
nos dice que Satanás es el acusador de los hermanos (vea
Apocalipsis 12:10). Su intención es poner un sentido de culpabilidad en nuestros corazones y mentes, pero nunca nos
ayuda a resolverla. Como resultado, todo lo que hacemos
es sentirnos mal. Algunos líderes y siervos del Señor están
haciendo lo mejor que pueden, pero la culpa los tortura.
Cuando van a predicar logran librarse de ella por una hora,
pero luego vuelven a cargar el peso sobre sus hombros: ése
no es el ministerio del Espíritu Santo.

El ministerio del Espíritu Santo es traer convicción de
pecado (vea Juan 16:8). Dios habla directa y específicamente, y su Palabra es muy clara. Él nos indica las cosas incorrectas que hay en nuestros corazones, nuestros pensamientos y
nuestros afectos, y demanda que nos arrepintamos. Si escuchamos su voz, Él nos cambiará. Ése es el trabajo del Espíritu Santo (vea 2 Corintios 7:10).

Su labor es muy diferente al trabajo de Satanás, quien viene para destruir vidas y empujar ministerios enteros hacia la
depresión y la soledad. Hay quien piensa: *Espero que nadie
descubra cómo vivo mi vida privada.* Querido siervo del
Señor, cuando el fuego del Espíritu Santo caiga sobre tu vida,
dirás como el Apóstol Pablo: "De nada tengo mala conciencia" (1 Corintios 4:4). Tu vida será purificada por Jesús.

Aquel tercer día, 20 de mayo, comencé a recuperar gradualmente el gozo del Señor. Pero en vez de aterrizar en el mismo lugar de temor, me había mudado a una nueva dirección. El gozo del Señor estaba en ese sitio. Había regresado la misma gloria del día anterior. Estuve en la presencia del Dios Todopoderoso durante seis días, llorando y gimiendo. Cuando me sentía normal vestía mi corbata, mi chaqueta y me preparaba para salir a trabajar para el Señor. Pero antes de que pudiera tocar la perilla de la puerta el poder de Dios venía sobre mí y me lanzaba al piso. En ocasiones pasaba horas en el piso antes de poder levantarme.

CAMBIANDO LO BUENO POR LO MEJOR

Dos semanas después me estaba preparando para regresar a mi congregación en La Plata, y antes de salir hacia la Argentina asistí a una reunión de oración de pastores. Estaba presente un pastor amigo, y le dije: "Regreso a la Argentina y quisiera tener tu número de teléfono; te doy el mío". Mientras él escribía mi número de teléfono en su libreta noté que comenzaba a temblar, y le pregunté: "¿Estás recibiendo lo mismo que yo recibí?" Ése fue el fin de la conversación.

Allí mismo, en el estacionamiento de la iglesia, el pastor cayó al suelo bajo el poder de Dios. Había una escuela cristiana en un edificio vecino, y podía ver a los padres que llevaban a sus hijos y miraban a este colega tirado en el piso. Pensé: "*No puedo dejar que este hermano me afecte demasiado porque estamos en un estacionamiento.*" Pero el poder de Dios vino sobre mí, y me caí al suelo también.

Otros dos pastores salieron de la iglesia y corrieron hacia nosotros pensando que habíamos tenido un accidente. Mientras se nos acercaron dijeron: "El Señor esta aquí, esto es tierra santa", y se quitaron los zapatos. Ambos cayeron bajo el poder de Dios y comenzaron a alabar al Señor y a profetizar. Permanecimos allí por horas; la unción era tan fuerte que otros tuvieron que llevarnos a nuestros coches y conducirnos a nuestros hogares.

El pastor que estaba anotando mi número de teléfono temblaba tan fuertemente que el anillo de graduación se salió de su dedo. Al recogerlo lo levantó hacia el cielo y dijo: "Señor, ahora sé que no sólo tomas de mi vida las cosas malas, sino que incluso tomas las buenas para darme las mejores". Luego hizo lo mismo con su billetera, sus llaves, y todo lo que tenía. Dijo: "Te doy mi ministerio y mi vida. Nada es mío; te lo entrego todo".

Hoy día este pastor es un amigo personal mío y puedo decir que su vida y su ministerio han cambiado dramáticamente desde ese encuentro en el estacionamiento.

DIOS NO CAMBIARÁ DE OPINIÓN
ACERCA DE USTED

Comparto mi testimonio no sólo para contarles algo que está sucediendo al otro lado del mundo, sino porque El Señor me ordenó impartir a otros lo que Él me ha dado. No tengo plata ni oro, pero en el nombre de Jesucristo, lo que tengo te doy (vea Hechos 3:6). Recibe el fuego de Dios por la fe.

Te comparto una palabra de esperanza: El Señor no cambia de opinión. Él no se acerca a ti hoy para mañana decirte: "Lo siento, eras la persona equivocada". Él te ama y lo que desea darte es para siempre, hasta que Cristo vuelva. Es muy sencillo, si seguimos la pureza y permanecemos cada día en Él, el fuego de Dios es inextinguible.

Capítulo 3

VIVIENDO CERCA DE LAS LLAMAS: AVIVAMIENTO EN ARGENTINA

Para entender cómo opera el fuego de Dios en una persona y en una nación, quiero contarles sobre el avivamiento en Argentina. Confío en que esto les permitirá comprender mejor el testimonio del fuego que cayó sobre mi vida, y que compartí en los dos primeros capítulos.

Se han escrito muchos buenos libros sobre el avivamiento en la Argentina; sin embargo quiero contarles la historia de mi experiencia personal e incluir el relato de mis padres, el Rev. Alberto Scataglini y su esposa Isabel, que lo conocen de primera mano.

TOMMY HICKS LLEGA A LA ARGENTINA

El primer gran avivamiento cristiano visto en Argentina ocurrió entre 1954 y 1957, cuando el evangelista estadounidense Tommy Hicks condujo varias campañas. Durante su permanencia en Argentina, él comenzó desafiando a los pastores a que creyeran que Dios podía hacer cosas mayores, y entonces esas cosas mayores empezaron a suceder.

Durante su visita de 1954 y 1955, Hicks llenó los estadios más grandes del país. Según cuentan testigos presenciales (incluyendo a mis padres), más de 100.000 personas asistieron a algunas de estas cruzadas. Otros miles hicieron fila fuera de los estadios sin conseguir entrar. Yo crecí escuchando historias sobre la congestión de tránsito, las multitudes en los trenes subterráneos y los cambios de recorrido de los autobuses, debido a las enormes multitudes que asistían a estos acontecimientos históricos. Millares de personas recibieron sanidades milagrosas y decenas de millares más recibieron salvación eterna durante estas grandes cruzadas. Por primera vez en la historia, la Sociedad Bíblica Argentina se quedó sin Biblias debido a la gran demanda que recibió.

Nací en marzo de 1957, y unos meses después Hicks volvió por última vez a la Argentina. Uno de los mayores recuerdos que mis padres guardan de ese tiempo es una fotografía de Tommy Hicks sosteniéndome en brazos, mientras me bendecía y oraba para que yo llegara a ser un siervo de Dios.

Pero a pesar de las salvaciones y las sanidades masivas experimentadas en las cruzadas, pocos años después las iglesias evangélicas de la Argentina volvieron a un sistema "normal" de mantenimiento. Desde comienzos de los '60 hasta mediados de los '80, la tasa de crecimiento de la iglesia en Argentina fue una de las más bajas del mundo. Y entonces llegó Carlos Annacondia.

ANNACONDIA LLEGA A LA CIUDAD

A comienzos de los años '80, la iglesia de mi padre en La Plata, ahora llamada Puerta del Cielo y que actualmente pastoreo, comenzó a orar por una gran cosecha. El grupo de jóvenes amaneció en muchas vigilias de oración. Durante ese tiempo la iglesia recibió una palabra profética de que venía una *avalancha* de gente y que debían prepararse para ella. Mi papá dijo a la congregación: "Aquellos de ustedes que llevan mucho tiempo aquí deben cuidar sus asientos, porque cuando llegue la avalancha de gente nueva no van a tener lugar para sentarse". Él no sabía lo poco que faltaba para que esas palabras se hicieran realidad.

En 1978 concluí mis estudios en el Instituto Bíblico Río de la Plata en Lomas de Zamora, Argentina, y fui a estudiar por un año al Eastern Pentecostal Bible College en Ontario, Canadá, donde recibí un certificado en Estudios Bíblicos Especiales. Después fui al Southern California Bible College y terminé mis estudios como Bachiller en religión. Volví a la Argentina y, junto a un hermano, fundé una iglesia en el centro de Buenos Aires. No mucho después el hermano se fue y quedé al frente de la iglesia como su único pastor. Había pensado en una estadía de cuatro meses en Argentina, pero se convirtió en cuatro años pastoreando esa congregación en Buenos Aires y otra en La Plata, ambas anexos de la iglesia que mi padre pastoreaba.

Después de ese tiempo sentí que el Señor me guiaba a continuar mis estudios en el Fuller Theological Seminary en Pasadena, California, y volví a salir de Argentina rumbo a los Estados Unidos en la primavera de 1984. En 1986 obtuve mi maestría en teología y misiones en Fuller.

En marzo de 1984, antes de ingresar a Fuller, mi padre decidió tomar algunos días de descanso con la familia, y nos retiramos a una pequeña cabaña en las cercanías de la ciudad. Mientras estábamos allí, un pastor llamado Pablo Terechovich nos visitó para hablar con mi papá. Con urgencia en su voz le dijo: "Por favor, ¿no podría volver a la ciudad para apoyar una campaña que estamos planeando? Quisiéramos que su iglesia estuviera involucrada".

Alberto, mi papá, preguntó: "¿Quién va a predicar?"

El pastor Pablo contestó: "Un hermano llamado Carlos Annacondia; es un evangelista".

Alberto acordó volver a la ciudad, aunque Carlos Annacondia era desconocido para muchos pastores. Mi papá estaba ansioso por reunirse con este evangelista para ver quién era y cuál era su propósito. Cuando se reunieron, mi papá se sentó frente al evangelista y comenzó a hacerle las preguntas obvias: preguntó a Annacondia de qué iglesia venía, cuáles habían sido los comienzos de su ministerio y qué había estado haciendo Dios en su vida. Al mismo tiempo que escuchaba las respuestas de Annacondia, mi papá oraba en el espíritu y atendía lo que estaba diciendo el Espíritu Santo.

> *El Señor estaba preparando*
> *algo completamente nuevo para*
> *la Iglesia en Argentina*

Fue entonces cuando el Espíritu Santo le dijo a Alberto: "Este es Mi siervo; Yo lo he enviado. Escucha lo que él dice". En ese mismo instante Alberto detuvo la conversación y dijo: "Hermano Carlos, no diga más. Venga a ministrar en la campaña; de ahora en adelante usted será como Elías, y yo seré como Eliseo. Haré todo lo que usted diga y seguiré lo que el Señor está haciendo en usted. El Señor le dio a usted la visión; mi parte es obedecer y seguirlo".

Annacondia se sintió muy incómodo—y lo expresó—de que un pastor respetado y de más edad ofreciera seguirlo a él, que tenía pocos años como cristiano; pero ésa es la manera en que el Señor lo había planificado y Él estaba preparando algo totalmente nuevo para la iglesia en Argentina.

Comienza el avivamiento en La Plata

El Rev. Alberto Scataglini relata la historia de cómo el Señor trajo el avivamiento a la Argentina. Dice:

Parecía que con cada cosa nueva que el Señor hacía en el avivamiento, destruía una vieja estructura. Así fue como el Señor comenzó a preparar las mentes y los corazones de los cristianos para las cosas nuevas que iban a experimentar.

Después de escuchar al Señor decirme que aceptara y apoyara a este nuevo y desconocido evangelista, me sorprendí cuando Annacondia y su equipo dijeron: "¡Muy bien! Comenzaremos la campaña en dos semanas". ¡¿Dos semanas?! Pensamos: organizar una campaña toma seis meses. Entre muchas otras cosas, hay que preparar a los voluntarios, alquilar un sitio e instalar las carpas"...Ésa fue la primera vieja estructura que fue destruida.

La semana siguiente yo (Alberto) acompañé a Annacondia y a su ayudante, Juan Dicresensio, a buscar un lugar donde realizar la campaña en la ciudad de La Plata. Recorrimos los alrededores en coche, mirando varios lotes de terreno vacíos que pudieran ser convenientes para una campaña al aire libre. Finalmente Carlos y Juan consideraron que habían encontrado el lugar ideal. Ambos sintieron una fuerte confirmación de parte del Señor y comenzaron la búsqueda para encontrar a los dueños del lote.

Sin embargo, cuando localizamos a los dueños, ellos respondieron categóricamente que no había ninguna posibilidad de que dieran el permiso. Yo quería seguir buscando, pero Juan dijo: "Debemos insistir; ellos dijeron que no, pero el Señor dijo que

sí". Después de mucha oración y de visitar a los dueños varias veces, Carlos y Juan finalmente consiguie-
ron el esperado "sí". Los preparativos comenzaron
de inmediato porque el inicio de la campaña estaba
previsto para la semana siguiente.

La primera noche de reunión evangelística fue
algo totalmente distinto de lo que acostumbrábamos.
Al llegar vimos algunos postes, unas pocas hileras de
luces, unas pocas sillas, algunas cuerdas circundan-
do el terreno, y una carpa que el equipo evangelístico
había levantado. Nos dijimos para nuestros aden-
tros: "No va a venir nadie". En realidad nos sentía-
mos un poco desconcertados.

La carpa debía usarse para ministrar a quienes
presentaran problemas espirituales; con el tiempo se
la llegó a conocer como la Carpa de Terapia Inten-
siva. Las reuniones se realizaban fuera de ella, bajo
unas pocas hileras de luces. Cuando empezó la reunión, el líder de adoración del equipo de Annacondia comenzó a dirigir las canciones: ciertamente no
eran la música y los himnos que acostumbrábamos
cantar. Era música tradicional del país más bien que
música "religiosa". No sabíamos qué pensar, hasta
que llegó Annacondia y comenzó a predicar.

Su predicación era realmente cristocéntrica y con-
movedora. Después de predicar un poderoso mensaje sobre Cristo, nos sorprendió al exclamar: "Oíme
bien, Satanás, oíme muy bien", y luego comenzó a
reprender al diablo y le ordenó que dejara ese lugar
y las vidas de la gente que estaba allí. ¡Al terminar
la reunión, esa primera noche, 140 personas habían
entregado sus vidas a Cristo! Eso era un milagro
para la Argentina, que en aquella época tenía una
de las tasas de crecimiento de la iglesia más bajas del

mundo. Pero con todo, aún no estábamos preparados para lo que vendría.

La gente traía a la campaña ropa de sus familiares enfermos para que nosotros oráramos por ellos. Muchas mesas se llenaban con pilas de esas prendas. Recuerdo especialmente el testimonio de una mujer que llevó un par de calcetines de su marido, quien no podía caminar. Se oró por los calcetines, ella los llevó a su casa y al día siguiente su marido se los puso. De pronto el hombre comenzó a gritar que los calcetines le quemaban los pies y empezó a saltar. ¡Le tomó algunos momentos darse cuenta de que podía saltar! Había sido sanado.

¡Fueron tantas las cosas que sucedieron durante la campaña de Annacondia en 1984! Cambió totalmente nuestras vidas y nuestra iglesia. Aprendimos sobre Dios y el mundo espiritual más de lo que habíamos aprendido en todos nuestros años de estudios teológicos y pastoreo de iglesias.

Leemos en el Antiguo Testamento acerca del arca del pacto y cosas que sucedían físicamente a quienes la tocaban (¡caían muertos!). Algo similar sucedió a los que fueron a la campaña de Annacondia. Cuando la gente caminaba sobre el terreno donde se celebraban las reuniones, muchos con problemas espirituales caían al piso como si estuvieran desmayados y en otros se manifestaban demonios.

Nosotros (unos pocos pastores) llegábamos a la carpa alrededor de las 5 de la tarde para brindar ayuda pastoral y consejería a quienes lo necesitaran. La gente estaba abierta a las cosas espirituales y venían a vernos personas con muchos problemas. Recuerdo que con frecuencia me sentaba en la mesa de consejería y debía salir corriendo para ayudar y orar por alguien que había caído al suelo apenas pisó el terreno.

Aconsejábamos y orábamos por la gente desde el momento en que llegábamos hasta el segundo en que se acababa la reunión. Casi siempre nos íbamos de la carpa alrededor de las 2 ó 3 de la madrugada.

Había una revolución espiritual en el aire. La batalla no terminaba al apagar las luces. A veces llegábamos a nuestros hogares después de las 3 de la mañana, y como la emoción no nos dejaba dormir pasábamos horas hablando y compartiendo las señales y milagros que habíamos visto. Pero muchas veces la gente llamaba a nuestras puertas a las 3 ó 4 de la mañana, queriendo que oráramos por ellos o por algún familiar que necesitaba liberación de espíritus demoníacos. La gente no sólo manifestaba demonios cuando llegaba a las campañas, sino que muchas veces ocurría cuando regresaban a sus hogares.

Esto llegó a tal punto que dormíamos vestidos: nos acostábamos sobre nuestras camas completamente vestidos, hasta que llamara la próxima persona. Durante dos años enteros no descansamos adecuadamente ni un solo día. Predicábamos todos los días y continuamente estábamos abriendo nuevos lugares de reunión en la ciudad para poder cuidar a las personas que habían venido al Señor. Es maravilloso creer en un avivamiento y orar por él, pero es igualmente importante estar dispuesto a pagar el precio cuando el avivamiento llega.

Cuando la campaña de Annacondia terminó, los nuevos creyentes hacían fila de dos calles de largo para lograr entrar a la reunión de la iglesia. Todos nuestros planes y nuestras actividades eclesiásticas cuidadosamente planeadas dejaron de existir. Nuestra iglesia nunca más fue la misma. Más de 50.000 personas vinieron al Señor en La Plata durante la primera campaña de Carlos Annacondia, que duró seis meses en 1984. Muchos de ellos forman actualmente una gran parte del cuerpo de la iglesia en La Plata.

Aunque en nuestra ciudad estaban sucediendo muchas cosas maravillosas, y muchas personas se agregaron a la iglesia, no todos se alegraban con el avivamiento, principalmente los cristianos más viejos: algunos estaban verdaderamente enojados porque habían "perdido sus asientos" en la iglesia. Las iglesias fueron invadidas por mucha de la nueva gente que había venido al Señor durante la campaña (¡y la reacción era similar a la de un hermano mayor cuando llega a la familia un nuevo bebé!). Algunos decían: "Hemos perdido a nuestro pastor".

A despecho del frío, la lluvia y a veces el barro, los servicios de la campaña se realizaron todas las noches durante seis meses. Cuando terminó la campaña de La Plata, me pidieron que fuera el precursor de Annacondia en ciudades donde se planeaba realizar otras. Mi tarea era reunirme con los pastores de esas ciudades para prepararlos para la próxima campaña.

El principal concepto que yo quería que los pastores entendieran era que la campaña no iba a ser como ninguna otra cruzada o reunión de avivamiento que ellos hubieran experimentado. La diferencia era que esta campaña cambiaría la estructura de sus iglesias, y el principal cambio consistiría en que habría menos intervención del hombre y más intervención del Espíritu Santo en sus servicios. Eso no significaba que lo que ellos venían haciendo estuviera mal, sino simplemente que la Iglesia se estaba moviendo a un nuevo nivel de gloria. Era básicamente un cambio de una forma de vida a otra.

Atrévase a estar disponible

Para la época en que sucedía todo esto, yo estaba estudiando en el Seminario Fuller y tomando cursos sobre crecimiento de la iglesia con el Dr. C. Peter Wagner. El Dr. Wagner y mis compañeros de clase se interesaban mucho en lo que Dios estaba haciendo en Argentina, así que yo solía leer en voz alta a la clase las cartas que recibía de La Plata con increíbles noticias acerca de este nuevo mover de Dios.

A menudo otros estudiantes me preguntaban cuál era la clave para tener un derramamiento del Espíritu tan impresionante. Llamé a mi padre en La Plata y le hice la misma pregunta. Mi papá respondió simplemente: "Creo que el secreto es estar disponible. Nosotros no obstaculizamos el trabajo del Espíritu, sino que nos hicimos disponibles para Dios".

Queridos hermanos y hermanas, hasta el día de hoy seguimos sintiendo el impacto de esas primeras campañas. Desde entonces otras nuevas olas de poder han visitado Argentina, y el secreto sigue siendo el mismo: disponibilidad.

¿Te atreverías a estar disponible para el Espíritu Santo, sin importar cuál sea el resultado—el éxito o la persecución? ¿Si te deparará un largo ministerio o una vida más corta? ¿Estás hambriento por el avivamiento y la salvación de almas al extremo de estar dispuesto a decir: "¡Señor, estoy disponible para ti!"? Si es así toma un momento y escríbele una nota al Señor u ora en voz alta algo parecido a esto:

Amado Señor,

Estoy dispuesto a pagar el precio. Estoy disponible para ser usado por ti.

Mi amor por ti es más grande que el temor que tengo a lo desconocido. Tu amor en mí por las almas perdidas es más grande que mi egoísmo y satisfacción propia. No te niego nada. ¡Hazme un instrumento de avivamiento!

100% tuyo,

X _____

Capítulo 4

UNGIDO PARA LA SANTIDAD

Cuando comenzó en la Argentina el avivamiento con Annacondia, en 1984, yo estaba en el Seminario Fuller en Pasadena, California, perdiéndome todos los acontecimientos y la emoción de esos primeros años. Al principio, solo podía imaginar el avivamiento a través de los recortes de periódicos y las cartas que me enviaban mis padres; en cuanto recibía algo nuevo lo compartía con mi profesor de Iglecrecimiento, el Dr. C. Peter Wagner, hasta que a fines de 1985 dejé Fuller por un trimestre y regresé para ver el avivamiento con mis propios ojos.

Durante mi ausencia de Fuller estuve en La Plata, la ciudad donde residía mi familia. Me resultaba muy evidente que Annacondia y sus campañas estaban cambiando la atmósfera espiritual de la Argentina. Se dice que desde 1984 él ha guiado al Señor a más de dos millones de personas. Iglesias que no habían experimentado ningún crecimiento, ahora tenían una nueva afluencia de gente que había aceptado a Cristo en una de sus campañas. También había cambiado la manera en que la mayoría de las iglesias conducían sus servicios: por lo general, las personas estaban más abiertas al mover del Espíritu Santo y a las nuevas cosas del Espíritu.

En el otoño argentino de 1986 regresé a Fuller, donde me reencontré con Kathy, mi futura esposa, quien también estudiaba en el Seminario. Nos casamos en Elkhart, Indiana, en julio de 1986, aunque continuamos viviendo en Pasadena, pues Kathy estaba terminando de cursar su maestría en Fuller. Un año más tarde fundamos Scataglini Ministries, Inc., y en diciembre de 1987 fuimos "enviados" a Argentina. Nuestro objetivo era trabajar con la iglesia de mi papá para establecer una escuela, un orfanato y un programa de entrenamiento para líderes. Hacia fines de 1990 la escuela y el orfanato estaban establecidos y el programa de entrenamiento para líderes se hallaba en marcha, entonces, Kathy y yo sentimos del Señor que debíamos regresar a los Estados Unidos.

Nos mudamos a Elkhart en octubre de 1990 y establecimos el Prayer Partners Ministry, cuyo principal propósito era unir a los cristianos en oración por el avivamiento. Durante ese tiempo, también comencé a grabar un programa de radio llamado Moments of Prayer, que consistía en micro programas radiales para guiar a los oyentes en oración por el avivamiento. El programa fue transmitido durante cinco años.

Avivamiento desde lejos, una vez mas

Mientras vivíamos en Elkhart, Indiana, comenzamos a oír sobre las nuevas cosas que Dios estaba haciendo en la Argentina a través del Pastor Claudio Freidzon. Cuando empecé a recibir esas noticias de mis amigos me llamaron mucho la atención, porque Claudio había sido uno de mis compañeros de cuarto en el Instituto Bíblico Río de la Plata. El Claudio que conocía era una persona reservada, pero las historias que llegaban a mis oídos hablaban de estadios llenos de gente, y de que Claudio ministraba poderosamente y con gran unción. Esas descripciones no encajaban con el carácter de este hombre discreto, y supe que eso debía ser obra del Espíritu Santo.

Un día llamé a Claudio a su casa de Buenos Aires y le dije: "Claudio ¿qué está pasando? Contame". Claudio confirmó los informes que yo había escuchado, y mientras me contaba las cosas que el Señor estaba haciendo, mi corazón latía con un terrible hambre de avivamiento. En ese momento me sentí agudamente necesitado. Traté de ocultar mi verdadero estado, porque habría sido embarazoso revelar cuán desesperado estaba por recibir algo del Señor. Durante los meses siguientes, pasé muchas horas al día en oración, ansiando más de Dios en mi vida. Me hallaba en un estado de desesperación espiritual.

Un tiempo después, en 1993, supimos que Claudio iba a estar en Cincinnati, Ohio, asistiendo a una cruzada de otro evangelista, y decidimos hacer el viaje de 320 kilómetros desde Elkhart a Cincinnati para verlo. Tenía una sola meta en mi mente: ¡Ver a Claudio, porque él había recibido una unción especial del Espíritu Santo, y quería que orara por mí!

Al llegar al gran estadio de Cincinnati encontré a millares de personas tratando de encontrar asientos, pues el lugar estaba completamente lleno. Claudio me había dicho que reservaría un asiento para mí en la fila delantera. Lentamente me abrí paso hacia el frente mientras la adoración comenzaba. Me alegré al ver a Claudio: indudablemente, él me estaba esperando y tenía reservado un asiento. Mi meta era que después de la conferencia él orara por mí. Yo había manejado durante tres horas y media con este solo propósito en mente.

Cuando me senté, uno de los ujieres se acercó y me dijo: "Disculpe señor, este asiento está reservado, usted debe ir atrás". Sabía que no había lugar en el estadio entero y que debería sentarme en alguna parte "muy lejana". Sabía que si me movía perdería de vista a Claudio, quien ya entonces era cada vez más reconocido, y resultaba difícil encontrar la oportunidad para que él orara por uno.

Comencé a orar mientras el ujier hablaba con Claudio. Oraba silenciosamente: "*Dios, yo necesito estar en este asiento. Por favor soluciónalo de alguna manera*". Entonces alguien dijo: "Estuve en estas reuniones varias veces. Tome mi asiento, yo me sentaré en alguna otra parte".

Di gracias a Dios por este hermano, porque tenía la sensación de estar en el lugar incorrecto. Fue difícil: ¡casi tuve que luchar por mi asiento! Entonces le dije a mi amigo: "Claudio ¿podés orar por mí?"

Él dijo: "Sí, cuando termine la reunión oraré por vos".

Gocé de la presencia del Señor durante la reunión, pero sólo podía pensar en que después Claudio iba a orar por mí. Sin embargo, cuando la reunión terminó él dijo: "Tengo programada una cena con el evangelista de esta cruzada, así que tal vez no pueda orar por vos esta noche".

No sabía qué estaba sucediendo. Ahora sé que Dios me estaba probando, pero en ese momento me sentí un poco impaciente. Después de la reunión, Claudio me preguntó si deseaba esperarlo mientras él iba a confirmar su cita; quizás hubiera ocurrido algún cambio y el evangelista no podría reunirse con él; entonces Claudio podría salir conmigo. Me sentí feliz de esperarlo, ante esta posibilidad de poder pasar un rato con él.

Pero esperé 10 minutos, 15, 20…El estadio quedó totalmente vacío. Después de esperar una media hora, que me pareció una eternidad, pensé: "*¿Seré el único tonto que está* *parado aquí con una Biblia bajo el brazo, esperando a este siervo para que ore por mí? ¡Qué ridículo debo parecer esperando aquí tanto tiempo por nada. ¿Por qué manejé tantas horas para venir a este lugar? ¿Qué me está pasando? Señor, tengo hambre de ti, te necesito."*

Supuse que probablemente mi amigo se habría olvidado de mí, pero apenas había pensado estas cosas cuando Claudio regresó y me dijo: "Vamos a cenar". Mi corazón saltó de alegría ante esta oportunidad. ¡Creo que si él me hubiera invitado a jugar al tenis a esa hora le hubiera dicho que sí! Habría hecho cualquier cosa para que él orara por mí.

No me di por vencido

En el restaurante casi no podía esperar el tiempo entre la cena y el postre: me parecía que ésa era la oportunidad perfecta para que Claudio orara por mí. Le pregunté: "Claudio ¿podrás orar ahora por mí?"

Él respondió: "Aquí no. Vayamos después a mi habitación del hotel", y estuve de acuerdo.

Fuimos a su habitación del hotel y él me regaló algunos videos de las cruzadas que estaba realizando en Argentina; para entonces eran las 2:30 de la mañana y yo seguía esperando esa oración. Finalmente le pude preguntar: "Claudio ¿podrás orar por mí ahora?"

Él me contestó: "¿Por qué no vas a una de las cruzadas en Argentina a que ore por vos?"

Yo estaba desesperado y le respondí: "No puedo ir a Argentina por ahora". No lo dije, pero sabía que no podía esperar tanto tiempo. Insistí tanto que mi amigo y hermano finalmente oró por mí. El Señor sabía lo que hacía. Claudio hizo una oración sencilla sobre mi vida y me fui.

El Señor penetró en mi ser y removió el dolor del aislamiento y la depresión

Cuando salí del hotel no estaba seguro de que hubiera ocurrido algo, excepto que sentía una paz profunda, pero eso era todo. Al día siguiente, con Kathy y nuestros tres hijos —Nathan, Jeremy y Miqueas (entonces de cuatro y tres años, y unos meses de edad, respectivamente)— regresamos a nuestra casa en Elkhart. Los niños estaban muy agitados en el camino, y pensé que iba a perder la poca unción que había recibido.

Pero yo no sabía que el Espíritu Santo había venido sobre mí y que ya había respondido mi oración. Aunque había nacido en un hogar cristiano, hasta ese momento muy poco sabía acerca de la unción. Mirando hacia atrás me doy cuenta de que el Señor había estado probando mi fe. No era que Claudio no quisiera orar por mí, sino que el Señor mismo estaba guardando silencio. Casi pareció un rechazo, porque Él quiso probar mi deseo de recibir su unción ¡y la recibí!

Al día siguiente comencé a experimentar una nueva libertad en mi corazón: había recibido sanidad interior. Me sentía como si Dios hubiera metido su mano dentro de mí, para remover la soledad y la depresión que experimenté en el pasado. Durante los próximos cuatro años pude predicar con una libertad y una nueva unción que antes sólo había conocido esporádicamente. Al fin yo moraba en la unción. La receptividad al Espíritu Santo que recibí a través de la unción preparó el camino para que cuatro años después pudiera recibir otra gran bendición, el bautismo de fuego.

Después de ministrar en Elkhart por un tiempo, Kathy, nuestros hijos y yo nos mudamos de nuevo a la Argentina en marzo de 1994, y comenzamos a trabajar con mi papá en el equipo pastoral de Puerta del Cielo. En diciembre de 1996 fui ungido como pastor presidente, permaneciendo mi papá como parte del equipo ministerial de la iglesia. Gracias a Dios pudimos disfrutar en nuestros servicios de un mover constante del Espíritu Santo. Y aunque a menudo muchas almas entregaban sus vidas a Cristo, yo continuaba clamando a Dios en mis oraciones para recibir más de Él y por un avivamiento en nuestro medio.

Poco después hice el inolvidable viaje a los Estados Unidos que habría de cambiar mi vida para siempre.

Capítulo 5

UNA MANIFESTACIÓN FRESCA DEL FUEGO DE DIOS

Como les conté en los capítulos 1 y 2, Dios cambió mi vida para siempre en mayo de 1997. Varias semanas después estaba al fin listo para regresar a la Argentina. Había preparado mentalmente un discurso para la congregación y sabía lo que iba a decirles para que no temieran a este nuevo fuego de Dios. Ya habían escuchado distintas versiones y yo había determinado en mi mente que la iglesia no debía dividirse respecto a algo como esto.

Pero cuando regresé al púlpito durante un servicio de mediados de semana, el avivamiento explotó en los primeros cinco minutos. Recuerdo que llegué a la iglesia, caminé hacia el altar, tomé el micrófono, y Dios me lanzó inmediatamente al suelo. Algunos de mis amigos tuvieron la brillante idea de retirar el púlpito y las flores para que la gente pudiera verme temblando en el piso.

Dije a un pastor asociado: "Por favor andá a buscar a Claudio Freidzon, que está en mi coche en la esquina, cruzando la calle". Claudio había venido a La Plata para pasar el día juntos en oración, y le había preguntado si estaba dispuesto a ministrar a la congregación esa tarde. Pero viendo el nuevo fuego que había en mi vida, Claudio se negó y dijo que le gustaría sentarse y escucharme ministrar. Yo le dije: "¿Cómo voy a poder ministrar con un hombre de Dios como vos sentado en primera fila? No puedo". Entonces convinimos que, como se estaba haciendo tarde, yo entraría a saludar a la congregación, daría mi mensaje y los invitaría al servicio del domingo, mientras Claudio me esperaba afuera.

El pastor asociado me dijo que sí, pero no se movió: pensó que yo estaba viendo visiones o algo así. Realmente resultaba muy inusual que Claudio estuviera afuera en el coche mientras adentro teníamos el servicio. Le repetí: "Andá a buscarlo". Finalmente me creyó y fue a buscar a Claudio. Cuando él llegó a la plataforma, la iglesia entera estaba de rodillas o en el piso, gimiendo de arrepentimiento. Muchas personas empezaron a pedirse perdón unas a otras. La reunión continuó durante horas.

A partir de ese día vimos el comienzo de un avivamiento en nuestra iglesia. Desde entonces, junio de 1997, muchas personas han entregado su vida a Cristo, y un espíritu de arrepentimiento y de nuevo compromiso ha recorrido nuestra congregación. Gracias a Dios, no he sido el único pastor argentino que ha recibido este toque del Señor. Muchas iglesias y pastores a través de Argentina han estado experimentando un viento fresco y el poder de Su presencia. Este fuego de santidad está sirviendo para aventar una vez más las llamas del avivamiento en Argentina.

Agua sobre el sacrificio

Querido hermano y hermana, no estoy sugiriendo que usted debe temblar en el piso para experimentar el fuego del avivamiento. El Señor elige sus señales y prodigios como El quiere. Pero sí afirmo que Dios está buscando personas que estén dispuestas a decir: "Señor, toma todo de mí. Me entrego a ti al 100%". Este fuego de santidad te purificará, pero también puede acortar tu vida. Algunos de ustedes están buscando longevidad, comodidad, mayores salarios y ministerios más grandes. ¿Estás listo para rendirte y entregarle esas cosas al Señor?

Es mejor que te lo diga desde ahora: cuando Elías se preparó para que el fuego de Dios llegara, no sólo puso sobre el altar la ofrenda y la madera, sino que también le echó encima 12 vasijas de agua (vea 1 Reyes 18:33, 34). Así que ahora voy a echar un poco de agua sobre el sacrificio para que sepas que el fuego que viene del Espíritu Santo es genuino.

Algunos de ustedes han estado buscando el Espíritu Santo durante años, pero por razones incorrectas: desean el engrandecimiento personal o están llenos de ambición personal. Si eres pastor, quizás deseas ver crecer tu ministerio. Pero nunca serás feliz hasta que rindas todas tus ambiciones a Jesucristo: entonces vendrá el fuego, y serás la persona más feliz de la tierra gracias al gozo verdadero del Espíritu Santo.

DIOS NO PASA POR ALTO A LOS MINISTROS

Algunos días después de mi regreso a la Argentina, asistí a una reunión de pastores en La Plata. Nos reunimos para un asado (al estilo criollo) y me pidieron que compartiera mi testimonio. Me preocupaba la forma en que lo recibirían y pedí al Señor que los guardara de sentirse ofendidos. Mientras compartía mi testimonio, uno de los pastores comenzó a gritar. Gritó tan alto que me olvidé lo que estaba diciendo. Él gritaba porque sentía un fuego quemándolo a causa de sus pecados.

Sugerí que oráramos y el poder de Dios descendió fuertemente sobre los pastores. Nunca he visto algo parecido. Algunos de ellos cayeron de cabeza sobre el piso. El resto se arrodilló con sus rostros contra el suelo, mientras la convicción del Espíritu Santo cayó sobre ellos. No estoy hablando de un piso cálido y alfombrado: estábamos en un edificio de cemento, con un piso de concreto, durante un helado día del invierno argentino.

Antes de que yo llegara, los pastores habían planeado una sesión de preguntas para discutir este fuego del Señor. Cuando acabaron de orar ese día, uno de los pastores se paró y dijo: "¿Cómo podemos atrevernos a discutir esto? Esto es de Dios". Los otros pastores estuvieron de acuerdo, y decidieron reunirse otra vez esa noche a las 11. Aún más pastores llegaron a esa reunión nocturna, y la misma gloria del Señor descendió sobre el lugar.

FUEGO SÍ, MILAGROS NO

Algunas personas preguntan si es posible recibir el fuego de Dios sin que se manifiesten señales y prodigios extraños. No sé, pero puedo decirles esto: las señales y prodigios son cosas extrañas y divinas que dirigen la atención de las personas hacia el Señor Jesucristo. Si la señal capta la atención de una persona y la dirige a Cristo, entonces decimos "Bienvenida" a esa señal:

> Y la gente, unánime, escuchaba atentamente las cosas que decía Felipe, oyendo y viendo las señales que hacía.
>
> —Hechos 8:6

Lo milagroso hace avanzar rápidamente al evangelio:

> Porque no osaría hablar sino de lo que Cristo ha hecho por medio de mí para la obediencia de los gentiles, con la palabra y con las obras, con potencia de señales y prodigios, en el poder del Espíritu de Dios;

62

de manera que desde Jerusalén, y por los alrededores hasta Ilírico, todo lo he llenado del evangelio de Cristo.

—Romanos 15:18, 19

Las señales no desacreditan el ministerio. Las señales pueden agregar credibilidad:

Varones israelitas, oíd estas palabras: Jesús Nazareno, varón *aprobado* por Dios entre vosotros con las maravillas, prodigios y señales que Dios hizo entre vosotros por medio de él, como vosotros mismos sabéis.

—Hechos 2:22; el énfasis es mío

Y ellos, saliendo, predicaron en todas partes, ayudándoles el Señor y confirmando la palabra con las señales que la seguían.

—Marcos 16:20

Esta nueva ola de santidad adquiere fuerza cuando incluye señales milagrosas tales como sanidades, temblores en el cuerpo, y a veces liberación demoníaca. Mi ministerio es primeramente la predicación del mensaje de santidad, pero a menudo se manifiestan estas señales. De hecho, algunas personas han recibido sanidad física mientras pasan al frente para arrepentirse, sin que se mencione la sanidad y sin que nadie ore por ellas.

IMPOSTORES DE LA SANTIDAD

Para poder caminar en santidad debemos tener conciencia de las imitaciones que el enemigo utiliza para robar y destruir. Agrego una lista de ellas, sabiendo que no agota todas las posibilidades.

Legalismo

Muchos cristianos no buscan una vida de pureza porque temen ser víctimas del legalismo. Algunos han experimentado un trauma religioso por causa de quienes presentan la santidad como una laboriosa lista de cosas que se pueden y no se pueden hacer; estos pertenecen al grupo sobre el cual Pablo nos advierte en Colosenses 2:20, 21:

> Pues si habéis muerto con Cristo en cuanto a los rudimentos del mundo, ¿por qué, como si vivieseis en el mundo, os sometéis a preceptos tales como: "No manejes, ni gustes, ni aun toques?".

Recuerde, la santidad no es una lista sino una persona: Jesucristo. Él se convirtió en nuestra santidad y nuestra justicia (vea 1 Corintios 1:30). El legalismo cree que la salvación se recibe por fe pero la santificación se recibe por obras, pero la realidad es que tanto la salvación como la santificación se reciben por fe, acompañada por arrepentimiento y obediencia.

> *La salvación es por fe;*
> *¡la santidad también es por fe!*

Perfeccionismo humano

El esfuerzo humano y la autodisciplina tienen la apariencia de la santidad, pero están lejos de ella. Aunque la autodisciplina es necesaria en nuestras vidas, ella nunca producirá santidad. Algunos piensan que la pureza se alcanza prestando atención a cada mínimo detalle, pero eso se convierte en una religiosidad trivial. Los expertos de la ley en el tiempo de Jesús eran así, y Jesús los reprendió fuertemente:

> ¡Ay de vosotros, escribas y fariseos, hipócritas! Porque diezmáis la menta y el eneldo y el comino, y dejáis lo más importante de la ley: la justicia, la misericordia y la fe. Esto era necesario hacer, sin dejar de hacer aquello. ¡Guías ciegos, que coláis el mosquito, y tragáis el camello!
>
> —Mateo 23:23, 24

En su arrogante persecución de detalles externos, los fariseos se olvidaron de sus corazones y sus actitudes. Los que se esfuerzan por obtener la perfección humana tienen la perspectiva incorrecta.

Quizás al leer esto te encuentras luchando con tu arrogancia y te sientes tentado a desechar este mensaje por algún error técnico. Querido lector, no caigas en la trampa del perfeccionismo humano. Es una trampa orgullosa y destructiva, que te hará "colar el mosquito (los detalles) y tragar el camello (te volverá indiferente a la condición de tu corazón y tu pecado)".

En un reciente viaje internacional, llegué a una iglesia de un barrio pobre de la ciudad donde predicaría. Cuando iba entrando al edificio mis ojos observaron cada detalle en pocos segundos, y mientras caminaba por el pasillo hacia la fila delantera, mi alma se preocupaba porque las paredes no llegaban hasta el techo y el piso era de tierra. De pronto, algo como una corriente eléctrica atravesó mi cuerpo y sentí la fuerte presencia de Dios en ese lugar. Todos mis pensamientos cambiaron de inmediato. Me dije: *"¿Qué importan los detalles? El Señor está aquí. Este tiempo de ministerio va a ser maravilloso"*. Y así fue, ya que centenares de personas se arrepintieron de sus pecados.

> *¿Has levantado en tu corazón*
> *una pared que te mantiene lejos*
> *del fuego de Dios?*

¿Eres tú uno de ésos que cuando oyen un sermón dicen: *¡Ahí esta! ¡Cometió un error gramatical! Este ministro no esta bien preparado. ¿Cuál habrá sido su promedio en la escuela bíblica? Me gustaría recibir este mensaje, pero su estilo no está a mi nivel?* ¿Has perdido totalmente tu fervor y tu reverencia?

En el nombre de Cristo, te exhorto a que resistas y repudies el perfeccionismo autosuficiente: no tiene nada que ver con la pureza del corazón y ofende al Señor. Toma un momento ahora para renunciar a cualquier arrogancia religiosa o académica. Atrévete a ser simple y confiado como un niño. Después de todo, ésa es la clase de persona de quien Jesús dijo que heredaría el reino de los cielos (vea Mateo 18:3). Quizás ésta es la barrera que te ha estado manteniendo lejos del fuego de Dios. ¿Has levantado en tu corazón una pared que resiste a Dios? ¡Arrepiéntete ahora, y Dios te abrazará con su amor!

UNA PALABRA PARA LOS MINISTROS

Querido pastor, mi oración es que el fuego de Dios transforme por completo tu vida y tu ministerio. A continuación menciono algunas sugerencias prácticas para ministrar santidad.

Atreverse a ser un predicador de la santidad

Colega en el ministerio, arriésguese a recibir un poco de oposición. Usted se sorprenderá de la cantidad de personas que están esperando escuchar una enseñanza bíblica y poderosa acerca de la santidad. Usted no tiene necesidad de convertirse en un odioso predicador con voz de trueno.

El antídoto para el legalismo en el púlpito es predicar con lágrimas en los ojos. Permita que las personas sepan que cuando usted hace el llamado al altar, el amor de Dios está quebrando su corazón. Déjeles ver que ha sido humillado en la presencia de Dios y que ahora usted sólo está señalándoles los peligros de vivir una vida espiritualmente tibia.

No temer a la repetición

Es correcto repetir o enfatizar ciertos temas. Tal vez resulte menos original por un tiempo, pero será más eficaz a largo plazo. ¡No predique para impresionar; llámelos a cambiar!

Predicar santidad con esperanza

Quizá usted se está preguntando cómo puede tener un ministerio de santidad consistente sin convertirse en un pastor que deprime a los demás y que sólo parece estar señalando las faltas de otros. Pienso que la respuesta es predicar siempre la santidad junto con la esperanza. Esto es fácil de hacer porque todavía estamos en el día de salvación, y no es demasiado tarde para que el arrepentido reciba perdón y gracia.

Asegúrese de que el gozo del Señor llene a las personas, especialmente después de las más dramáticas confesiones de pecado. El pecado deja un vacío espiritual cuando se va del corazón. Asegúrese de que su gente entienda que el perdón de Dios llega después de la confesión (vea 1 Juan 1:9). Dedique un tiempo a recibir y a disfrutar de su amor. Es importante permanecer en la presencia de Dios hasta que el Espíritu Santo llene los corazones y las mentes con su amor.

Aún los penitentes crónicos, que pasan al frente en cada llamado al arrepentimiento sólo para volver a caer en el mismo vicio, deben ser animados a continuar en su búsqueda de Dios. Si ya se habían acercado 50 veces al altar, anímelos a que se acerquen 51; que sigan haciéndolo hasta que las ataduras del pecado queden definitivamente quebradas y Satanás se dé por enterado. Estas personas están atadas a Cristo y comenzarán a odiar el pecado y a resistir al diablo hasta que huya. ¡Predique santidad con esperanza!

Predique santidad con compasión

Una señora joven pasó al frente junto con muchas otras personas, pero no oraba; sólo lloraba sin consuelo. Cuando me le acerqué, dijo: "No creo que Dios pueda perdonarme; me he hecho cuatro abortos". La agonía de esta joven me conmovió profundamente. Pedí a una señora de nuestra iglesia que se acercara para abrazarla, y cuando la hermana lo hizo, dije a la joven: "¡Así como mi hermana te está abrazando, así Dios te abraza en este mismo instante!"

¡Eso logró abrir su corazón! La joven se había sentido tan inmunda y culpable que no podía recibir mi sermón de arrepentimiento y perdón. Su corazón se abrió al mensaje cuando logré demostrarle la compasión de Dios de una manera tangible y gráfica. Haga que las personas perciban la compasión cuando usted les habla y les ministra. Después de todo, eso es lo que Jesús siente cuando venimos a Él y nos arrepentimos: ¡compasión!

Capítulo 6

NUESTROS PECADOS EVANGÉLICOS

Porque el deseo de la carne es contra el Espíritu,
y el del Espíritu es contra la carne;
y estos se oponen entre sí,
para que no hagáis lo que quisiereis.
—Gálatas 5:17

Este pasaje es parte de la carta escrita por Pablo a los Gálatas, que está dirigida a creyentes. El versículo habla acerca de la frustración cristiana; hay muchos cristianos frustrados que adoran en iglesias frustradas con ministerios frustrados. Sin lugar a dudas hay allí una batalla que se está librando, una lucha entre lo que es del Espíritu y lo que es de la carne. Pero si usted está dirigido por el Espíritu, no está bajo la ley. Esto significa que no será juzgado de acuerdo a la Ley Mosaica del Antiguo Testamento: cuando nos rendimos totalmente al Espíritu Santo a través del nuevo pacto de gracia no estamos bajo condenación, sino que somos libres (vea Romanos 8:1).

Lo que sigue es una de las más fuertes advertencias para los creyentes que podemos encontrar en el Nuevo Testamento. Algunas señales de alguien que ha caído en la decadencia, la ruina y el desastre son: "Y manifiestas son las obras de la carne, que son: adulterio, fornicación, inmundicia, lascivia" (Gálatas 5:19).

Puede ser que usted logre esconder el adulterio, aun si es pastor. A lo mejor su propia esposa no sabe lo que ha estado sucediendo en su vida. Pero usted no puede ocultarse de Dios. Todas nuestras acciones están expuestas ante la presencia del Señor.

Si has cometido alguno de estos pecados sexuales (y especialmente si estás en el ministerio), te urjo a que te arrepientas de tu inmoralidad antes de terminar de leer este libro. Debes arrepentirte este mismo día si tus ojos no son puros. 1 Juan 2:6 dice: "El que dice que permanece en él, debe andar como él anduvo".

Querido hermano, permíteme hacerte una pregunta: ¿cómo caminó Jesús cuando estaba en la tierra? Él tenía 30 años de edad cuando comenzó su ministerio, y todavía seguía soltero. Algunos dicen: "Seré santo cuando me case; por ahora no puedo resistir la tentación sexual". Pero Jesús era soltero y perfectamente santo.

¿Cómo caminó Jesús en la tierra? En pureza absoluta. Si nosotros le hubiéramos preguntado: "Jesús, ¿puedo ver tus ojos?", hubiésemos visto la esencia de la pureza del cielo. La Biblia dice que si vamos a permanecer en él, debemos caminar como Jesús caminó.

Necesitamos la misma pureza

Los ojos de Jesús no vieron películas o revistas pornográficas, ni ilustraciones inmorales de mujeres u otra literatura impura. Él era el Cordero intachable de Dios y eso es lo que

El nos está llamando a hacer: vivir en esa clase de pureza. Todos debemos crecer a la medida de la estatura de la plenitud de Cristo y nada menos (vea Efesios 4:13). Dile: "Jesús, yo quiero ser como tú".

Mi oración es que recibas la fe necesaria para creer que puedes ser como Jesús. Algunos dicen: "¿Cómo puedes decir eso?" Pero Jesús nos llama a que lo imitemos, a que caminemos como él caminó:

Sed, pues, vosotros perfectos, como vuestro Padre que esta en los cielos es perfecto.
—Mateo 5:48

Sed, pues, imitadores de Dios, como hijos amados.
—Efesios 5:1

Sed santos, porque yo soy santo.
—1 Pedro 1:16

Él superó la tentación para que nosotros podamos superar la tentación. Seremos tentados mientras estemos de este lado del cielo, pero el poder del Espíritu Santo nos ayudará a caminar en gloria y en victoria. El patrón de la carnalidad es lucha-derrota-lucha-derrota. ¡Pero el patrón de la vida en el Espíritu es lucha-victoria-lucha-victoria!

DAR LA ESPALDA A LA DOBLE VIDA

Y manifiestas son las obras de la carne, que son: adulterio, fornicación, inmundicia, lascivia, idolatría, hechicerías, enemistades, pleitos, celos, iras, contiendas, disensiones, herejías, envidias, homicidios, borracheras, orgías, y cosas semejantes a estas; acerca de las cuales os amonesto, como ya os lo he dicho antes, que los que practican tales cosas no heredarán el reino de Dios.

—Gálatas 5:19–21

Gálatas 5:19–21 continúa hablando de las cosas que son contrarias al Espíritu, y menciona la inmoralidad sexual y la impureza. Algunos pueden decir: "Pastor, nunca he caído en adulterio; soy un buen cristiano". Sin embargo, si tus pensamientos son impuros, o si odias a tu esposa, estás viviendo fuera de la voluntad de Dios. Si desearías haberte casado con otra persona, o si tus pensamientos y afectos ya están con otra persona, estás fuera de la voluntad de Dios. La conformidad externa a la conducta cristiana no justificará la impureza interna. ¡Dios te ama y desea cambiarte!

No puedes continuar viviendo una vida doble. Si te acercas al Señor, él te abrazará y te dará el poder para cambiar tus pensamientos. Algunas personas viven lamentándose del pasado; piensan: *"Si solo me hubiera casado con otra persona, si solo viviera en otra ciudad, si solo hubiera nacido dentro de otra familia. Si solo, si solo, si solo"*. ¡Cuando el fuego del Espíritu Santo caiga sobre tu vida y sobre tu alma, estarás satisfecho donde estás! No habrá impureza de ninguna clase y podrás vivir sin lamentaciones.

Algunos cristianos pueden pensar: *"Estos son sólo mis pensamientos; no incomodan a nadie. Estos pensamientos no le causan mal a nadie"*. Pero cuando hay pecado individual en nuestras vidas, produce un efecto colectivo, un efecto sobre el Cuerpo. Nuestra vida de pensamientos impuros sí afecta a quienes están a nuestro lado, especialmente a nuestra familia. El Señor desea hacernos 100% puros.

Un hermano de un periódico cristiano de Argentina me llamó y dijo: "Sergio, estamos muy felices con lo que has recibido del Señor, pero tenemos una preocupación: hemos escuchado que estás predicando que el 98% de santidad no es suficiente".

Me pregunté: *"¿Y qué hay de incorrecto en eso?"* Le expliqué que la palabra de Dios contiene muchos versículos que hablan de la pureza. Mencioné 1 Tesalonicenses 5:23: "Y todo vuestro ser, espíritu, alma y cuerpo, sea guardado irreprensible para la venida de nuestro Señor Jesucristo". Además le leí muchos otros pasajes. Finalmente él me dijo: "Por favor ven a ministrar a nuestro personal".

Nadie puede discutir con la santidad. Si están en Cristo, te creerán. Gálatas 5:19 continúa:

"inmundicia, lascivia, idolatría, hechicerías"

La "idolatría" se define como algo que admiramos excesivamente. ¿Sientes admiración excesiva por alguien o algo que está tomando el lugar principal en tu corazón? ¡Eso es idolatría!

Por favor presta atención a esta lista. Muchas veces dejé de leerla porque pensé: *"Esto no tiene nada que ver conmigo porque habla de la brujería y la idolatría"*. Pero presta atención a lo que sigue en la misma lista:

"enemistades, pleitos, celos"

Si eres una persona que se deleita en crear discordia y división en tu vecindad, trabajo o iglesia, no estás dentro de la voluntad de Dios. ¿Encuentras deleite en crear o fomentar las llamas del resentimiento entre un miembro de tu familia y otro? Si es así, estás fuera de la voluntad de Dios. Otro síntoma de que algo no está bien es si te sientes mal y no puedes disfrutar cuando las cosas le van mejor a un compañero de trabajo o algún miembro de tu iglesia. Te ruego: toma unos minutos para arrepentirte antes de terminar este libro.

También menciona "iras"

Algunos hombres son muy agradables en la iglesia, pero se ponen violentos cuando llegan a sus casas. Algunos abusan verbalmente de sus esposas. Quizás piensan que es una muestra de su masculinidad, pero la verdad es que no pueden controlar sus bocas. Otros rompen cosas en sus casas o lastiman a sus seres queridos. He oído de hombres que causaron desastres en sus hogares y después lloraron deseando cambiar. Pero no podían cambiar porque había rebelión en su carácter. Cristo es el único que puede controlar tu carácter. Jesús puede romper nuestro carácter cuando lo traemos a su presencia. El Señor desea sanar a los miembros de la iglesia que luchan contra la cólera y la ira.

"contiendas"

El egoísmo y la ambición desenfrenada son plagas que afectan a muchos cristianos y ministerios hoy en día. Si vienes hoy ante el Señor y te arrepientes, debes permitir que tu ministerio muera. Esto no es un fiesta; es un entierro. La vida cristiana comienza con la muerte, y continúa con la resurrección en Cristo.

Recuerdo cuando le hablé al alcalde de cierta ciudad y le pregunté si él quería recibir a Cristo. Él me preguntó: "¿Qué significa eso?"

Le dije: "Significa lo que dice Mateo 16:24: "Si alguno quiere venir en pos de mí, niéguese a sí mismo, tome su cruz, y sígame". Agregué: "Usted necesita morir a sí mismo y vivir para Jesucristo". El alcalde entregó su vida a Cristo entonces y hoy continúa creciendo en el evangelio. Además, se ha convertido en un querido amigo. La vida y el crecimiento de los cristianos comienzan con la muerte. Tenemos que morir a nuestra carne, nuestros pecados, nuestras pasiones malvadas, nuestro egoísmo, nuestras aspiraciones; debemos llegar a estar totalmente muertos a nosotros mismos.

"disensiones, herejías"

Estas son también cosas que el Señor odia.

"envidias, homicidios, borracheras, orgías,
y cosas semejantes a estas"

En una ocasión estaba ministrando en una conferencia de pastores y líderes cristianos, y les animé a tomarse de las manos y orar así: "Señor, bendice a mi hermano más que a mí. Que su iglesia crezca más que la mía. Haz que las congregaciones locales crezcan tanto que mi iglesia de 2.000 sea la más pequeña".

Si te enfermas de envidia al escuchar acerca del éxito de otro pastor de tu ciudad, necesitas arrepentirte. Si no puedes regocijarte cuando tu hermano recibe una bendición del Señor, necesitas arrepentirte.

Una advertencia fuerte del Nuevo Testamento

Ahora siguen algunas de las palabras más fuertes del Nuevo Testamento. En Gálatas 5:21 Pablo nos dice: "Como ya os lo he dicho antes, que los que practican tales cosas no heredarán el reino de Dios".

Mis amigos, ésa es una advertencia que se repite a través de las Escrituras. Algunos piensan: *"Gracia, la gracia del Señor me limpiará el domingo próximo"*. Pero el lunes esta persona vuelve a su vicio, a sus películas clasificadas "X" o a lo que está contaminando su vida espiritual.

En el gran día del juicio, habrá gente que vendrá confiada a la presencia de Jesús y dirá: "Señor Jesús, nosotros teníamos un ministerio de liberación en nuestra iglesia". Él les responderá: "¿Por qué me llaman Señor? No los conozco. No han obedecido mi voluntad; hicieron lo que quisieron. ¡Han utilizado mis dones para su propia gloria!" (vea Mateo 7:21–23).

Otros vendrán a El y dirán: "Señor Jesús, teníamos un ministerio de sanidad en nuestra iglesia. En tu nombre sanamos a los enfermos".

Y el Señor les dirá: "¡No los conozco; ustedes me desobedecieron!" Incluso Él les puede decir: "Les dije una y otra vez, a través de mis siervos y de mi Palabra, que los que practican tales cosas no heredarán el reino de Dios. No me creyeron ni tomaron en serio mi Palabra".

Alguien puede decir: "Pero Señor, solamente tenía un pequeño hábito de mentir. El resto de mi vida cristiana era buena". Y el Señor le va a decir a este individuo: "¿Acaso no te dije que los mentirosos no entrarán en el reino de los cielos?"

Los que no obedecen no entrarán en el reino, aunque tengan los dones del Espíritu Santo operando en sus vidas. Tampoco entrarán los que endurecen sus corazones y viven una vida sin arrepentimiento del pecado. Aunque sus pecados no sean espectaculares, se están oponiendo voluntariamente al Espíritu Santo.

En el cielo no hay soborno

Hubo una época en la cual el soborno fue un gran problema en mi país. No era infrecuente que un policía lo detuviera a uno y lo culpara de una infracción no cometida. Pero lo único que hacía falta para que usted pudiera seguir con su día era un poco de dinero en efectivo. Obviamente, esa era la razón principal por la cual lo había detenido. Este hábito corrompió una nación entera.

> *¡Si no está caminando en la voluntad de Dios, usted necesita despertar ahora!*

Pero en el cielo no habrá soborno. Puede ser que digas: "Dios, espera un momento antes de lanzarme hacia el infierno. Yo conozco al pastor fulano que ya está aquí. Además, tengo referencias y buenos contactos en el mundo evangélico". Escúchame: tu título dentro de la iglesia no importará mucho en ese día. ¡Si no estás caminando de acuerdo a la voluntad de Dios, necesitas despertarte ahora mismo!

Los que no han tomado seriamente los mandamientos del Señor van a pasar por algo como lo que sucedió en los días de Noé. El le dijo a la gente: "Se aproxima la lluvia; se acerca el diluvio". Se rieron de él y de su mensaje; no creyeron que fuera verdad. Noé y su familia entraron al arca y Dios cerró la puerta (vea Génesis 7). Una vez que la puerta sea cerrada, no habrá posibilidad de abrirla nuevamente.

El Señor me ha enviado para predicar un mensaje de advertencia. ¿Por qué no tomas ahora un momento para leer la lista otra vez? Permite que el Espíritu Santo señale las áreas de pecado de las cuales necesitas arrepentirte. Hazlo ahora.

Estas son las obras de la carne, según lo descrito en Gálatas 5:19–21:

- *Inmoralidad sexual*—adulterio, fornicación, y/o fantasías inmorales.
- *Inmundicia*—algo ofensivo o que contamina; la pornografía.
- *Lascivia*—la gran indulgencia de los apetitos sensuales.
- *Idolatría*—la admiración excesiva.
- *Hechicerías*—las prácticas o los poderes de las brujas o de los magos.
- *Enemistades*—la aversión intensa hacia otra persona.

- *Pleitos*—la falta de acuerdo mutuo; el conflicto; la rivalidad.
- *Celos*—la actitud, la sensación o la condición de ser desplazado por un rival.
- *Iras*—la cólera violenta, la furia o la ira.
- *Contiendas*—el deseo egoísta por el propio éxito
- *Disensiones*—las diferencias de opinión causadas por la ira.
- *Herejías*—un grupo de personas que funciona desde adentro y causa separaciones al discentir con la sana doctrina.
- *Envidias, homicidios*—la sensación de resentimiento o descontento por causa de los logros de otra persona.
- *Borracheras*—beber bebidas alcohólicas en exceso.
- *Orgías*—cualquier indulgencia excesiva, desviaciones morales, etc. *[1]

SACANDO ASTILLAS

Cuando era niño, mi mamá nos mandaba que no corriéramos dentro de la casa, especialmente sin zapatos, porque había un piso de madera que producía muchas astillas. Pero no siempre éramos obedientes.

Un día, mi mamá no estaba y mi hermana y yo estábamos corriendo a toda velocidad por la casa. Como era de esperar, una astilla se enterró muy profundamente en mi pie. Era muy chico; me asusté mucho y decidí que no le demostraría mi problema a mi mamá. Intentaría actuar como si nada estuviera mal. Con cada hora que pasaba la astilla me dolía más, pero yo continuaba actuando como si nada sucediera.

Prefería el dolor de la astilla que el castigo de mi madre. Sabía que mi madre sería "cruel" si le dejaba saber el problema que tenía con mi pie: ¡tomaría una pinza y me haría sufrir sin piedad durante *un segundo* mientras me sacaba astilla! No deseaba sufrir ni por un segundo. En su lugar, sufrí cuatro días, intentando actuar todo el tiempo como si nada pasara.

Algunos cristianos viven sus vidas esa manera. Dicen: "Estoy bien Señor. Todo está muy bien. Sólo un pecado pequeño por aquí y por allí, pero nada fuera de lo común". Mientras tanto, caminan cojeando. Alguna gente en el reino de Dios dice: "Señor, soy 95% santo. Esto solamente es una astilla, una infección pequeña. Puedo vivir con ella". Pero el Espíritu Santo desea llamar su atención, abrazarlo con su amor y sacar el pecado fuera de su vida.

Muchos hombres cristianos, incluso hombres que están en el ministerio, caminan cojeando por años. Se dicen a sí mismos: *"Soy un siervo del Señor, pero tengo un problema pequeño con la pornografía".* ¿Sabe lo que Dios desea hacer con la pornografía? Él desea tomar sus pinzas y sacarla por siempre del alma y de los ojos de sus hijos de modo que esos ojos brillen con la pureza de Jesús.

Después de algunos días de caminar con la astilla, mi pie comenzó a infectarse. Finalmente, mi mamá se percató de que algo andaba mal y me dijo: "Hijo, ven aquí". Me sentó en una silla, tomó mi pie, y sin ninguna anestesia removió la astilla. A las pocas horas comencé a sentir la diferencia y a caminar mejor.

El Señor también está cerca y con muchos más deseos de remover las astillas de nuestro corazón. Muchos han estado llevando astillas que no deben llevar. Puede ser que alguien diga: "Oh, es mi carácter. Sergio, usted sabe, es porque sufro de depresión. Mi abuelo sufría de depresión, mi tía sufría de depresión, mi vecino tiene depresión, así que debo tener depresión". caminas cojeando porque tienes la astilla de la depresión en tu corazón. Entrégale tu depresión al Señor.

La depresión no es parte del Evangelio

Recuerdo mis años de depresión. Ése era mi desierto. Yo estaba en el ministerio, enseñando y predicando la palabra de Dios. Terminaba mi sermón y veía algunos resultados, pero no podía esperar a llegar a mi habitación para estar a solas. A veces lloraba y no sabía por qué. Era un verdadero melancólico. Aquellos de ustedes que han pasado por esto saben de lo que estoy hablando. Pero ¿sabe cuál era el problema? Pensaba que la depresión era parte del paquete del evangelio. Acepté la depresión como mi compañera hasta que el Señor comenzó a darme autoridad, entonces coloqué en mi dormitorio de la universidad un letrero que decía: "En el nombre de Jesús, yo rechazo la depresión como parte de mi vida". Mis amigos venían a mi dormitorio y decían: "¡Caramba! Esa es una declaración fuerte". Yo me sentía un poco avergonzado de que lo leyeran ellos: ¡mi mayor interés era que lo leyeran los demonios!

Hermano, deseo animar tu fe y decirte que el Señor me ha sanado totalmente de la depresión. Él me dio un ministerio para ayudar a los que sufren de depresión, incluyendo a los ministros que sufren en silencio.

He oído a muchos decir: "Hermano, la depresión no es un pecado, es una enfermedad". Pues bien, entonces oren por la sanidad. El problema es cuando decimos: "Depresión, ya que no puedo superarte, tú y yo seremos amigos. No bebo alcohol, pero tú serás mi vicio. Estaremos juntos el resto de mi vida". No le des la bienvenida a la depresión en tu vida. No le des la bienvenida a la autoconmiseración y a la melancolía. El Señor desea sanarte porque El anhela utilizar tu vida.

Nota

1. La mayoría de estas definiciones y las notas adicionales fueron tomadas de Funk & Wagnall's Standard Dictionary (HarperCollins Pub., Inc.).

Capítulo 7

EXAMEN DE CONCIENCIA Y LLAMADO AL ARREPENTIMIENTO

La comunidad médica utiliza la poderosa herramienta de la educación masiva para ayudarnos a detectar tempranamente ciertas enfermedades. En primer lugar, los médicos nos informan sobre los riesgos y síntomas del cáncer y otras enfermedades; en segundo lugar, nos enseñan técnicas para examinarnos nosotros mismos. Colocar estas herramientas en las manos de la gente es un procedimiento que salva muchas vidas, pues a menudo podemos reconocer los síntomas y detectar las enfermedades con tiempo suficiente para actuar sobre ellas.

Estos métodos para la detección de enfermedades son "herramientas de diagnóstico", y ahora queremos aplicarlos al nivel espiritual para hacer un examen diagnóstico de nuestros corazones y mentes. Por favor lector, dedica algunos momentos a examinar tu propia vida. Esto es un llamado a los cristianos que están viviendo en pecado. Si estás viviendo bien y la santidad de Dios ya controla tu vida, regocíjate: este capítulo es para los hermanos y hermanas cuyas vidas están enredadas en el pecado. Puedes ser una persona sincera que anhela el avivamiento y ora para que la gloria del Señor caiga sobre tu ciudad, pero antes de que Dios pueda tomar tu ciudad, El desea tomar tu corazón.

VENGAN COMO ESTÁN

Permite que el Espíritu Santo obre ahora en tu corazón. Algunos cristianos están muy distraídos por muchas cosas, pero el Señor sólo desea una cosa : a partir de este momento El tomará el control de tu vida si te atreves a dársela incondicionalmente, al 100%. Él no dice: "Cambia tus hábitos y después ven a mí"; El dice: "Vengan ahora tal como están". El es el Dios de misericordia. Ese viejo himno que cantábamos para los inconversos puede cantarse hoy para cada cristiano atado por el pecado:

> Tal como soy, sin más decir,
> que a otro yo no puedo ir
> y tú me invitas a venir,
> bendito Cristo heme aquí
>
> Tal como soy, sin demorar,
> del mal queriéndome librar
> Tú solo puedes perdonar,
> bendito Cristo heme aquí
>
> Tal como soy, en aflicción,
> expuesto a muerte y perdición
> Buscando vida y perdón,
> bendito Cristo heme aquí
>
> Tal como soy,
> tu gran amor me vence
> y busco tu favor

Servir quiero con valor,
bendito Cristo heme aquí
"Tal como soy" (Himnos de Gloria N° 133
(Just As I Am, Charlotte Elliott, 1836))

Algunas personas dicen: "Pastor, yo quiero creer lo que usted dice, pero no sé si puedo". 1 Corintios 1:30 dice que "Cristo Jesús (...) nos ha sido hecho por Dios sabiduría, justificación, santificación y redención". Pureza recibida por fe. Nos hacemos puros cuando nos arrojamos a los pies de Cristo y Él nos imparte su santidad. La pureza no es la auto-disciplina (aunque sí incluye autodisciplina), sino que es un milagro del cielo: somos cambiados cuando la mirada de Cristo se posa en nuestros ojos y corazones, y comienza a remover todo el pecado que halla allí. ¡Jesucristo te impartirá más y más de su pureza al mismo tiempo que recibes más y más de Él!

Muchos de ustedes se han arrepentido durante años de determinado pecado sin obtener un cambio permanente y ahora se dicen: "¿Cómo puedo volver a arrepentirme del mismo pecado? Prefiero seguir pecando que volver a pasar por el desaliento de arrepentirme para luego volver a pecar". Hermano, por favor, no pierdas las esperanzas. Mi oración es que ahora mismo recibas en tu vida una ira ungida y santa hacia el pecado.

Padre, oro por aquellos que han estado haciendo un pacto con el pecado y con el enemigo, para que rechacen el pecado de sus vidas. Otros están diciendo: "Si sólo pudiera recibir permiso de Dios para cometer adulterio". Estás atado a tus emociones y tus inclinaciones. Otros dicen: "Estoy resistiendo al pecado, pero mi corazón está en otra parte". ¡Pido al Señor que te dé ahora mismo una ira santa contra el pecado! La Biblia dice en el Salmo 119:128:

Por eso estimé rectos todos tus mandamientos sobre todas las cosas, y aborrecí todo camino de mentira.

¡Esta es palabra del Señor para ti!

NO NOS AVERGONZAMOS
DE ARREPENTIRNOS

Todos los que están viviendo en pecado deben olvidarse ahora mismo de todo lo demás. Se acerca la hora en que tendrás que rendirle cuentas a Dios (vea Romanos 14:10–12). Cuando Cristo murió en la cruz no lo hizo en privado. El no se avergonzó de confesarnos ante el Padre. Entonces, ¿por qué nos sentiremos avergonzados o asustados de arrepentirnos ante Dios? Permite que el Señor hable ahora a tu corazón y señale las áreas que Él desea cambiar. Toma unos momentos para examinarte, y recuerda que el Señor Jesús anduvo un largo camino para llegar al Calvario. Él murió por ti y por mí a la temprana edad de 33 años.

Varios meses después de recibir este precioso fuego del Espíritu Santo, volví a visitar el avivamiento de Brownsville y me regocijé de ver a tantas personas pasar al frente para arrepentirse de sus pecados. Recuerdo que estaba sentado cuando el Espíritu Santo me dijo: "Andá vos, también". Dije: "Pero Señor, acabo de compartir con mis amigos el testimonio del fuego que me diste y ahora ellos me verán arrepintiéndome. Voy a parecer un hipócrita". Pero obedecí al Espíritu Santo y pasé al frente. Cuando me iba arrodillando, el Espíritu me dijo: "Te queda un ídolo". Y continuó diciendo: "Tu amor por tus hijos es tan grande que estás listo para ponerme en segundo lugar". Me arrodillé, me arrepentí del pecado de idolatría y recibí su perdón.

HÁGALO AHORA MISMO

Toma ahora mismo un momento para arrodillarte y comenzar a decirle al Señor todo lo que está mal en tu vida. No necesitas continuar cojeando en tu vida cristiana: permite que El remueva la astilla de tu corazón. Tal y como dice Zacarías 3:9, el Señor puede remover el pecado de su pueblo en un solo día. El Señor está presente, y El puede impartir su santidad sobre tu vida.

No tiene nada de malo llorar por tu pecado. Permite que el Señor quebrante tu corazón respecto a tu pecado. Permite que el Espíritu Santo te revele la gravedad de tu transgresión. Para algunos, simplemente hacer el esfuerzo de arrodillarse ya es un paso de fe. Debemos creer en las promesas del Señor; Jesús es el que nos bautiza. Él nos dará el bautismo del Espíritu Santo y fuego. Él nos impartirá su santidad, pero debemos arrepentirnos y confesar. No hay avivamiento sin arrepentimiento y sin la limpieza de la Iglesia. Ven a Jesús; El te ama. Si puedes hacerlo físicamente, arrodíllate donde estás y comienza a orar.

Los que se sienten sucios y aun inmundos preguntarán: "¿Cómo puede el Señor ocuparse de mí?" El Señor se especializa en personas como tú. El te ama: todos hemos sido destituidos de la gloria de Dios (vea Romanos 3:23) y el Señor murió para que no tengas que morir por tu pecado. Simplemente acércate a El y recíbelo.

La única cosa que puede impedirte acercarte a Jesús con tu pecado es la vergüenza o el orgullo. Echa eso a un lado y ven . El Señor está invitando a cada persona que no está segura de su pureza o de su salvación a que se acerque a El. No esperes más, ven a Jesús si estás diciendo: "No estoy seguro de que todos mis pecados hayan sido perdonados". Si estás dudando, duda tus dudas, créele a tu fe. Ven a El con tus cargas y tu tristeza. Ven aun con los problemas de la iglesia que te han agobiado en el pasado, y déjalos a sus pies.

¡Permite que el Señor te libere!

Puede que algunos digan: "Pastor, me he arrepentido de este pecado durante 25 años". A ti te digo: "¡Ven y arrepiéntete otra vez! 'Gustad, y ved cuán bueno es Jehová'" (Salmo 34:8). Ven a Jesús si estás atado a la pornografía, a las drogas o al alcohol. Si estás atado al odio, la crítica o la división, ven y el Señor te hará libre.

Un hermano de Europa se acerco a mí y dijo: "Pastor, tengo una esposa encantadora y tres hijos maravillosos, pero estoy destruyendo mi matrimonio porque estoy atado a la pornografía". Sentí inmediatamente que la compasión de Dios descendía sobre mí. Todo lo que hice fue abrazarlo y decirle: "El Señor ya lo ha hecho". Al confesar fue liberado. El poder de Dios lo liberó. ¡Confiésale al Señor tus áreas de necesidad y permite que El te libere hoy mismo!

LLAME A LAS COSAS POR SU NOMBRE

Podrás arrepentirte por tu ciudad o tu nación recién después de haberte arrepentido de tu propio pecado. La siguiente oración fue realizada al celebrarse el Día Nacional de Oración en Ft. Worth, Texas:

> *Señor, perdónanos por ser políticamente correctos en lugar de bíblica y moralmente correctos.*
> *Señor, perdónanos por la violencia en nuestros hogares, en nuestras calles y en nuestras escuelas.*

Señor, ten misericordia en nosotros y perdónanos por el racismo, el sexismo y la intolerancia.

Padre, perdónanos por los abortos, la pornografía, y las violaciones de niños.

Purifica a tu pueblo, Señor. Purifica la Iglesia, y después purifica esta nación.

Perdónanos por llamarlo una estilo de vida alterno en lugar de un estilo de vida inmoral.

Perdónanos por llamarlo sexo seguro en lugar de sexo ilícito.

Perdona a los que predican la justificación para todos, en lugar de la justificación para el que se arrepiente.

Perdónanos por temer a la responsabilidad, mientras insistimos en nuestros derechos.

Perdónanos, Señor, por contaminar el ambiente, no sólo física, sino también moralmente.

Ten misericordia, Señor.

Oración del Salmo 51

No hay razón para ocultar nuestros pecados. Podemos confesarlos porque "El es fiel y justo para perdonar nuestros pecados, y limpiarnos de toda maldad" (1 Juan 1:9). Por favor ora la siguiente oración con todas las fuerzas de tu corazón. Debes orar con fe y creer que hoy estás entrando en un nuevo nivel espiritual.

Hay un reposo disponible para los hijos de Dios, y tú puedes entrar hoy mismo en ese reposo. El Señor cambiará tu llanto en gozo a medida que vayas recibiendo esta oración de arrepentimiento. Incluso habrá algunos que recibirán sanidad al hacer esta oración. Muchos recibirán sanidad física a medida que el Señor vaya sanando el corazón de la Iglesia. Haz ahora esta oración (adaptada del Salmo 51): será escuchada en el cielo y resonará en el infierno:

Padre Celestial, reconozco que te necesito. He pecado y pido tu perdón.

Comprendo que Jesucristo pagó el precio en la cruz del Calvario, y por eso, Señor, perdona todos mis pecados.

Señor, te pido que cambies mi vida hoy.

Desde este día, deseo caminar como caminó Jesús.

Deseo ser como Jesús; deseo tener la mente de Cristo.

Deseo caminar en el poder del Espíritu Santo.

Ten piedad de mí, oh Dios, conforme a tu gran amor; conforme a tu gran compasión, borra mis transgresiones.

Limpia todas mi iniquidades y límpiame de mi pecado,

Porque sé que mis transgresiones y mi pecado siempre están ante mí.

Contra ti, contra ti sólo he pecado, y he hecho lo malo delante de tus ojos.

Tú amas la verdad en lo más íntimo; Tú me enseñas sabiduría en el lugar secreto.

Purifícame con hisopo, y seré limpio; lávame, y seré más blanco que la nieve.

Hazme oír gozo y alegría; y se recrearán los huesos que has abatido.

Esconde tu rostro de mis pecados, y borra todas mis maldades.

Crea en mí, oh Dios, un corazón limpio, y renueva un espíritu recto dentro de mí.

> No *me eches de tu presencia, y no quites de mí tu Santo Espíritu.*
>
> *Vuélveme el gozo de tu salvación, y espíritu noble me sustente.*
>
> *¡Amén!*

Ahora dile a El:

> *Gracias, Señor, por amarme tanto.*
> *Gracias por tu perdón;*
> *No puedo pagarte de ninguna manera por tu perdón.*
> *Gracias por Jesús, quien pagó el precio.*
> *Ahora recibo tu perdón, Señor.*
> *Y ahora recibo la pureza de Jesucristo en mi vida.*

Si pudieras solamente entender cuánto te ama el Señor, experimentarías allí donde estás, que Jesús está entrando ahora mismo para abrazarte, así como el padre abrazó al hijo pródigo (vea Lucas 15:20). Nunca más serás atormentado por tus fracasos. Y aun en tus fracasos glorificarás a Jesucristo, y Dios traerá victoria sobre tu vida.

¡Si deseas el bautismo del Espíritu Santo y fuego, el Señor ya te ha dicho sí! ¿Lo deseas? El te lo dará. Nosotros los seres humanos no somos muy buenos, y sin embargo no damos piedras a nuestros hijos cuando ellos nos piden pan. Los amamos y les damos lo que necesitan. Cuánto más quiere el Padre dar su Espíritu Santo y fuego a los que se lo piden. Algunos necesitan un bautismo de fe para creer que esto es posible. Haz la misma oración que hizo el padre del muchacho endemoniado en Marcos 9:24: "Creo, Señor; ayuda mi incredulidad".

Las tres "P" del fuego:
Pureza, Poder y Pasión

Yo también luché contra el pecado antes de que el fuego de Dios llegara a mi vida. Las batallas eran muy largas, pero cuando el fuego de santidad vino sobre mí, noté que las batallas se hicieron más cortas. El fuego de la pureza vendrá y le dará autoridad contra el pecado. El fuego del Espíritu Santo trae tres cosas: pureza, poder contra el pecado y Satanás, y pasión por Dios y las almas perdidas.

Siempre fui una persona que compartía con los inconversos la salvación de Cristo; pero después que llegó el fuego, comencé a testificar como nunca antes. ¿Cuántos de ustedes, lectores, viajan por avión? ¡Ahí tiene usted un campo maravilloso para evangelizar porque la gente no puede bajarse del avión! Les puede predicar y tienen que escucharlo.

La primera vez que testifiqué después de recibir el bautismo de fuego fue en un avión, a un joven de 19 años. Sé las cuatro leyes espirituales y conozco otras herramientas para evangelizar. Pero, al mirar a este joven y al abrir mi boca, el Espíritu Santo asumió el control. Le dije: "¿Sabes lo que me hizo el Señor? ¡Estuve temblando durante seis días bajo la presencia de Dios Todopoderoso!" ¡Y con eso conseguí su atención!

Enseguida pude ver lágrimas en sus ojos, aunque no podía entender por qué. Me dije a mí mismo: *"¡Este el peor método evangelístico que he utilizado!"* Hay ocasiones en que el Espíritu Santo dice: "Predicador, hazte a un lado: ¡deseo hablar directamente con esa persona!" Y el mensaje del evangelio tocó profundamente a ese joven. También otro joven con quien hablé en un avión aceptó a Cristo inmediatamente.

¡Déjate usar por el poder de Dios! Permite que el Espíritu Santo asuma el control de tu vida. En Hechos 1:8 leemos las palabras de Jesús a los apóstoles:

Pero recibiréis poder, cuando haya venido sobre vosotros el Espíritu Santo, y me seréis testigos en [su ciudad] y en [su nación] y en [naciones vecinas], y hasta lo último de la tierra.

En realidad, este bautismo del Espíritu Santo no es una opción; es una necesidad vital. La Biblia dice "sed llenos del Espíritu" (Efesios 5:18). Ser habitado por el Espíritu y ser lleno del Espíritu son dos cosas diferentes. Es como la diferencia entre tener música sonando en una habitación de la casa y tener la casa entera llena de música, a tal punto que los vecinos la pueden escuchar. Puedes tener una luz en tu dormitorio, o puedes iluminar la casa entera, adentro y afuera, hasta que tu propiedad entera esté inundada de luz. Puedes tener un huésped durmiendo en el cuarto de huéspedes, o puedes darle la bienvenida al huésped y permitirle que ocupe la casa entera. Asimismo, puedes "tener el Espíritu" o puedes "estar lleno del Espíritu".

Algunas personas se preocupan por el momento exacto en que el fuego debe caer en sus vidas. Puedo decirte que en mi propia vida llegó en el momento "incorrecto". No estaba listo. Tenía tantas cosas que hacer. ¡Mi oración es que el Señor te secuestre con su Espíritu e interrumpa tu sentido del tiempo y tu agenda!

Capítulo 8

LAS CONVERSIONES FALSAS Y EL FUEGO DE DIOS

En un reciente viaje a Nueva York, mientras viajaba en taxi, comencé a hablarle de Cristo a Juan, el conductor de unos 21 años de edad. Me dijo que se había ido de su casa porque su madre usaba drogas y él deseaba encontrar una vida mejor. Le pregunté:

—"Juan, ¿has nacido de nuevo?"

—"Sí", dijo.

—"¿Estás seguro de que eres salvo?", le recalqué.

Su respuesta fue: "Sí, asisto a una iglesia de [cierta denominación]".

Hablé con él un rato más y le pregunté por otros aspectos de su vida. Me dijo: "Estoy viviendo con una muchacha. Ella no es mi esposa, pero deseamos tener un bebé".

Eso me dio otro punto de entrada; le dije: "Juan, el camino del Señor no es así. El camino del Señor es de obediencia a la palabra de Dios".

Comencé a explicarle el Evangelio y él comenzó a entender: "El sexo es un regalo de Dios para las parejas casadas, pero vos estás viviendo con esta muchacha sin haberte comprometido con ella en matrimonio. Tienen la esperanza de tener un bebé, pero ¿cómo puede Dios bendecir a esa criatura si ustedes no han recibido la bendición del matrimonio?", le dije.

¿Un cielo asegurado?

Comprendí que Juan estaba convencido de su salvación, aunque no entendía nada acerca del Evangelio. No sólo eso, sino que también tenía otras ataduras y adicciones en su vida.

Al principio me impactó la seguridad con la cual este joven me había respondido. Me intimidó y dudé en compartirle las buenas nuevas. En segundo lugar, me sorprendió la evidencia de que él realmente no conocía al Señor Jesucristo. Gracias a Dios, pude compartirle su palabra.

Nuestro mundo está lleno de gente que dice: "No me hablen de Cristo; yo tengo mi religión". Lo que me preocupa *no* es si tienes religión, lo que me preocupa es si tienes a Jesucristo. ¿Has nacido de nuevo? Puedes decir, "Oh sí, soy cristiano evangélico desde hace 20 años". ¿Y qué significa eso? ¿Sabes cuántos evangélicos van rumbo al infierno? Creo que en el infierno habrá un barrio completo de evangélicos; de gente que creyó ser algo que no era.

Sé que este mensaje no les trae paz a muchos de ustedes, pero les pido que permitan al Espíritu Santo, a través de su Palabra, tomar el bisturí. En manos del Maestro, el bisturí no es una daga sino un instrumento que remueve la infección espiritual para después sanarnos por completo.

Dios sabe todo acerca de usted—acerca de todos nosotros. Él sabe todo acerca de la vida de Juan, y sé que el Espíritu Santo está trabajando en él; porque Dios abrió una puerta para Juan, y él entendió que más allá de su religiosidad, debe arrepentirse y cumplir los mandamientos del Señor.

Pero ¿qué pasa contigo, lector? ¿Cómo está tu vida hoy? ¿Sabes que hace dos siglos Carlos Finney predicó sobre este mismo tema de la conversión falsa? Descubrí que Finney también se enfrentó con la gente que piensa que está en Dios y que va al cielo. Pues, al igual que en tiempos de Finney, hoy en día en la iglesia hay personas que no están yendo en dirección al cielo; al contrario, han recibido una esperanza falsa.

LA GRACIA NO CUBRE EL PECADO QUE NO HEMOS CONFESADO

Bart Pierce, un pastor de Baltimore, me regaló un libro escrito por Charles Finney titulado *Power from on High* (Whitaker House, 1996). En la página 70, Finney escribe: "No es por accidente que la ley precede a la gracia". Esto significa que la ley de Dios, sus mandamientos, prepararon el camino para el Evangelio. Quien evita mirar la ley evita que su alma sea instruida, y sólo desea recibir el Evangelio de la gracia. Sin embargo, la persona que no se arrepiente desarrolla una esperanza falsa, un estándar falso de la experiencia cristiana. Como dice en Santiago 2:17, la fe "sin obras es muerta". Si abrazamos la gracia pero nunca entregamos nuestra voluntad y nuestra vida a Dios, practicamos la lascivia y una forma de vida carnal, ¿realmente hemos recibido la salvación? Este sistema de creencias falsas está llenando nuestras iglesias con conversiones falsas.

Ministro del Evangelio, debemos conducir las personas a Cristo enseñándoles que necesitan al Salvador, no sólo una bendición.

En Argentina, más del 90% de la población profesa ser cristiana, de una denominación o de otra, y la mayoría profesa ser católica. Sin embargo, no vemos a nuestro país funcionando según los mandamientos del Señor. La misma gente que jura por la Biblia es la que muchas veces contradice esa Palabra sobre la cual juró.

Este misterio es explicado por Jesús cuando comparte la parábola de la cizaña (vea Mateo 13:24–30; 36–43). Sabemos que en este tiempo Dios no está separando el trigo de las malas hierbas; la Biblia dice que el trigo y la cizaña —los convertidos de verdad y los que aparentan ser convertidos— crecerán juntos. Estoy hablando de los que son cristianos y de los que parecen ser cristianos, pero no lo son. El juicio de Dios todavía no ha caído. "La buena semilla son los hijos del reino, y la cizaña son los hijos del malo", (v. 38) y estos serán separados en el Día del Señor.

Este mensaje puede ser un poco difícil de recibir, pero es imprescindible. Dios prefiere que estemos un poco incómodos ahora a que estemos incómodos el día del juicio final. Es mejor tener un poco de malestar ahora cuando Dios revuelve nuestras almas y nos llama al arrepentimiento. Seria incomparablemente peor sufrir el malestar de ser enviados al infierno en el día del Señor.

Dios es justo y no puede ser burlado (vea Gálatas 6:7). Para que el Evangelio sea el Evangelio, tiene que haber un mensaje de arrepentimiento; tiene que haber un cambio de actitud y un cambio de conducta. Antes de que Cristo predicara en el mundo, vino Juan el Bautista y preparó el camino del Señor. Él dijo: "Arrepentíos, porque el reino de los cielos se ha acercado", (Mateo 3:2). De la misma manera el Señor nos habla hoy, no solamente con amor, sino también con severidad (vea Mateo 4:17).

CONVERSIONES VERDADERAS VERSUS CONVERSIONES FALSAS

¿Qué significa "conversión"? Significa cambiar totalmente la dirección o el rumbo de nuestra vida. Antes de convertirnos íbamos en nuestra propia dirección, haciendo lo que queríamos. Gobernábamos nuestras propias vidas, sin importar lo que Dios dijera. Pero cuando una persona se convierte, él o ella cambia de rumbo, se traslada en una nueva dirección (espiritualmente hablando) y vuelve a Jesucristo. No es solamente un cambio del corazón. No es solamente un cambio de emociones. Es un cambio de comportamiento, de la manera en que manejamos nuestras finanzas, en que hablamos con nuestros vecinos, en que tratamos a nuestros empleados, etcétera. Es un cambio total, radical y fuerte.

Veamos Mateo 25:1–13, la Parábola de las Diez Vírgenes: esta parábola nos ayudará a saber si verdaderamente estamos convertidos o si hemos experimentado una conversión falsa. La Palabra es para todos:

Entonces el reino de los cielos será semejante a diez vírgenes que tomando sus lámparas, salieron a recibir al esposo. Cinco de ellas eran prudentes y cinco insensatas. Las insensatas, tomando sus lámparas, no tomaron consigo aceite; mas las prudentes tomaron aceite en sus vasijas, juntamente con sus lámparas. Y tardándose el esposo, cabecearon todas y se durmieron. Y a la medianoche se oyó un clamor: "¡Aquí viene el esposo, salid a recibirle!"

Entonces todas aquellas vírgenes se levantaron y arreglaron sus lámparas. Y las insensatas dijeron a las prudentes: "Dadnos de vuestro aceite; porque nuestras lámparas se apagan".

Mas las prudentes respondieron diciendo: "Para que no nos falte a nosotras y a vosotras, id mas bien a los que venden, y comprad para vosotras mismas". Pero mientras ellas iban a comprar, vino el esposo; y las que estaban preparadas entraron con él a las bodas; y se cerró la puerta.

Después vinieron también las otras vírgenes, diciendo: "¡Señor, Señor, ábrenos!"

Mas él, respondiendo, dijo: "De cierto os digo, que no os conozco". Velad, pues, porque no sabéis el día ni la hora en que el Hijo del Hombre ha de venir.

Estas diez vírgenes representan a la Iglesia de Jesucristo: habían recibido la invitación al banquete de bodas; sus nombres ya estaban en la lista. Eran gente que sabía de las cosas de Dios. Hoy el Novio, Jesucristo, tiene la esperanza de que formemos parte de la corte nupcial. Pero *no todos* estamos listos. No todos le hemos dado la espalda a una vida desleal y carnal.

La Biblia también nos habla sobre los últimos días. Mis amigos, necesitamos orar, porque los días que vienen pueden ser muy difíciles. La Iglesia, siendo la Novia, debe estar velando y orando: mientras estemos en la tierra no podemos dormitar en un sueño espiritual. ¡Debemos despertarnos y permanecer despiertos! Como dice el verso: "Despiértate, tú que duermes, y levántate de los muertos, y te alumbrará Cristo", (Efesios 5:14).

Romanos 14:10,11 dice que todos compareceremos ante el tribunal de Cristo; que cada rodilla se doblará ante el Señor; y que cada lengua confesará a Dios. Fíjense que no dice que se doblarán las rodillas de todos los evangélicos, o las rodillas de todos los carismáticos o de todos los que van a la iglesia fielmente. Al contrario, dice que *toda* rodilla se doblará. Cuando Dios resucite al señor Adolfo Hitler de entre los muertos para que rinda cuenta de lo que hizo mientras estuvo en la tierra, él tendrá que doblar su rodilla ante el Dios Todopoderoso y decir: "Eres el Señor! "

Toda la raza humana se arrodillará y dará honor al Rey de reyes y Señor de señores. ¡Él vive para siempre! Él tiene todo el poder en el cielo y en la tierra. Pero por un tiempo, el

Señor le ha dado al diablo permiso para guiar a esos extraviados que desean ir por otro camino. Los que quieren ir al infierno pueden ir libremente: nadie estará en el cielo porque fue forzado a ir. Los que lleguen al cielo estarán allí porque se arrepintieron y amaron las cosas de Dios.

Quizás hoy no estés seguro de si irás al cielo o al infierno. En el nombre de Jesús te digo que hay salvación en Cristo. Dios te abrazará, perdonará tus pecados y te dará fuerza para vivir en pureza por el resto de tus días.

Mi hermano, mi hermana, las lámparas mencionadas en la parábola de las diez vírgenes representan nuestros corazones. Te pregunto: ¿Arde tu corazón con fuego? ¿Está preparada tu lámpara?

Hace poco llegué a Baltimore para ministrar en la iglesia Rock City Church. Por la tarde, antes de que hablar, me arrodillé en mi habitación y le dije al Señor: "Estoy más preocupado por mi fatiga que por las almas perdidas. Perdóname y dame una nueva pasión por las almas. Por favor dame una vez más lágrimas por las almas perdidas. Déjame sentir el dolor que Jesús sintió hacia los enfermos y los atormentados cuando El caminó en esta tierra". Y el Señor lo hizo. Luego, en Nueva York, el lugar que visité después de Baltimore, la emoción vino incluso más fuerte; rompió mi corazón.

¿APATÍA O COMPASIÓN?

¿Quiere que la compasión de Dios rompa su apatía y llene su corazón de fuego? Por la gracia de Dios, desde que Kathy y yo recibimos el fuego hemos ministrado a millares de personas en Asia, Europa, los Estados Unidos y América Latina, y ¿sabe cuál es el pedido de oración que más escuchamos? "Pastor, por favor ore por mí para recibir su pasión por las almas perdidas".

Lector, ¿cómo está tu corazón? ¿Cómo está tu temperatura espiritual? ¿Tienes el fuego mediano, bajo o apenas está encendido el piloto? La Biblia habla de lámparas. Las diez vírgenes, que representan a la Iglesia, tenían todas lámparas de aceite; pero cinco de las vírgenes eran insensatas; descuidadas y negligentes. Esas tomaron las lámparas de la religiosidad: aparentemente hicieron lo que debían hacer, pero no tenían la unción. No tenían mucho aceite del Espíritu en sus vidas, y sus lámparas estaban condenadas a no durar mucho tiempo. La religión, sin el poder de Dios, no puede llegar muy lejos.

> *¿El fuego de tu corazón está mediano?*
> *¿Bajo? ¿O apenas tienes encendido el piloto?*

Hermano, hermana, cuídate de no abrazar la religión sin la manifestación del Espíritu Santo. Joven, cerciórate de que tu vida esté saturada con la presencia de Dios. ¡Si el aceite del Espíritu Santo no baja sobre tu corazón estás en peligro! Días de gran fervor están viniendo sobre la Iglesia, de un fervor más fuerte que nunca antes.

Un hombre que había estado en nuestra iglesia durante más de 20 años vino y me dijo: "Pastor, hoy he decidido darle toda mi vida a Jesucristo". Oro que no te tome tanto tiempo llegar a esa decisión. Pido que si aún no le has entregado toda tu vida al Señor, o si en tu corazón se ha apagado la llama, recibas hoy el aceite del Espíritu Santo.

Mas las prudentes tomaron aceite en sus vasijas, juntamente con sus lámparas. Y tardándose el esposo, cabecearon todas y se durmieron.

Mateo 25:4, 5

¿Qué pasó con el novio? Él "se tomó su tiempo para llegar". Algunos piensan: *Ha pasado tanto tiempo y Jesús todavía no viene. Aprovecharé el tiempo y viviré mi vida a mi gusto.*

> Y tardándose el esposo, cabecearon todas y se durmieron. Y a la medianoche se oyó un clamor: "¡Aquí viene el esposo, salid a recibirle!".
>
> —Mateo 25:5, 6

Quizás hoy a la medianoche se oirá un grito, y las trompetas sonarán, y una voz fuerte desde el cielo dirá: "¡Aquí viene el Rey de reyes y Señor de señores!" (1 Tesalonicenses 4:16, 17). ¿Estarás listo? ¿Te irás con el Esposo o serás dejado atrás?

> Y a la medianoche se oyó un clamor: "¡Aquí viene el esposo, salid a recibirle!".
>
> —Mateo 25:6

Las que no tenían suficiente aceite no estaban cuando El llego porque habían ido a buscar más aceite ¡y llegaron demasiado tarde! ¿Cuántos saben que hay un tiempo que se llama "demasiado tarde"? Hay tiempo pasado, tiempo presente, tiempo futuro y tiempo perdido. El tiempo perdido se va para no volver. Llegará el momento en que la profecía: "He aquí ahora el día de salvación" (2 Corintios 6:2) no se aplicará más. No se predicarán más sermones. El Espíritu Santo está llamando hoy a la Iglesia a ser más ferviente en su fe.

Algunos pueden decir: "Gracias, pastor, pero yo ya estoy convertido". Hermano, hermana: ¿estás verdaderamente convertido? ¿Cómo puedes saberlo? Aquí tienes varios casos de personas que creen estar convertidas pero en realidad no lo están.

Señales de un falso convertido

El evangelista Charles Finney menciona algunos de los siguientes puntos en su libro *Power from on High*. El que luches con uno o más de estos puntos no significa que no estés definitivamente convertido: sólo el Señor conoce tu corazón. En uno u otro momento, todos luchamos con algunos de estos puntos. Pero si te has entregado por completo a un estilo de vida impregnado por estas señales, necesitas buscar seriamente al Señor.

Resistir la convicción de pecado

El falso convertido resiste toda convicción de pecado. Algunas personas sacan un escudo durante el servicio de la iglesia y con él intentan defenderse de la predicación. No se defienda más: ¡si es de Dios, recíbalo!

Falta de arrepentimiento

Los falsos convertidos se rehusan a reconocer sus pecados ante la persona contra quien pecaron. Puede ser que le hayan robado a alguien, y se dicen a sí mismos: *Pediré perdón a Dios en el altar*. Pero el lunes no van a la persona afectada y le dicen "Aquí están los $150 que saqué de su escritorio cuando usted estaba almorzando". Creen que porque pasaron al altar todo está arreglado, pero no hay fruto de arrepentimiento. Su conversión es falsa.

Espero que cuando estemos en el cielo, nadie en el infierno me pueda señalar con el dedo y decir: "Pastor, ¿por qué no me lo dijo? ¿Por qué no me advirtió que si hacía estas cosas no entraría en el reino de los cielos? ¿Por qué no fue más claro en su predicación?". Gracias a Dios, hoy día muchos predicadores eligen ser claros, aún arriesgando su status, su imagen y afrontando la posibilidad de que algunos puedan sentirse ofendidos con su predicación. Le pido que no se ofenda, porque quien escribe estas palabras es un pecador que se arrepintió y fue perdonado por la gracias de Jesús. Si no, estaría yendo rumbo al mismo infierno, como muchos otros. Mi vida sería un desastre, como la de todos aquellos que no tienen a Cristo.

No te escribo con orgullo. Me acerco a ti con un corazón estremecido, porque Dios está hablando muy claramente en estos días. Él te ama, y por esa razón te está llamando para que tengas el aceite del Espíritu Santo y produzcas frutos de arrepentimiento.

Las relaciones quebradas

Los falsos convertidos rehusan restaurar relaciones o hacer restitución a sus enemigos o a la gente a quien han ofendido.

No velar o no esperar

Los falsos convertidos no velan y no esperan según nos indica la palabra de Dios (vea Mateo 25:13). Al contrario, él o ella se distraen y no les importa.

Hace un tiempo me hallaba predicando en una reunión muy numerosa en Nueva York, y noté que muchos de los presentes no recibían el mensaje. Es duro cuando uno está predicando y se da cuenta de que la gente no lo está recibiendo. Hasta que el Señor me dijo: "Aquí hay un espíritu de religiosidad y de *'edificio de iglesia'*". Como esta gente asistía normalmente a los servicios en un edificio de iglesia, algunos pensaban que el edificio era lo que los salvaba. Creían que todo estaba bien con ellos.

Ése fue el momento en que la predicación comenzó a convertirse en un martillo. La palabra de Dios es como un martillo y como un fuego (vea Jeremías 23:29). La palabra de Dios no vuelve vacía (vea Isaías 55:11). Golpea y golpea y golpea hasta que más tarde o más temprano sucede algo.

Como no recibían, decidí no mirarlos más. Pensé: *Si los miro, me voy a distraer. Algo no está bien.* Quizás habían pensado que yo iba a predicar un mensaje que dijera: "Vengan y reciban todas las bendiciones de Dios. No importa si usted se ha arrepentido o no. No importa si usted cambia su vida o no. Cada uno podrá tener 'todo lo que pueda comer'". Pero Dios me había dado un mensaje diferente.

Cuando hice el llamado al altar, sólo pasaron dos personas en un estadio de miles. Nunca había visto una respuesta así en todos los meses que llevaba predicando sobre el fuego de Dios: generalmente la gente corre hacia el altar para arrepentirse. Cerré los ojos y dije: "Señor, haz lo que quieras". Y el Señor comenzó a decirme: "Sigue insistiendo. Estoy salvando almas". Él me aseguró que estaba allí y que debía seguir invitando a la gente a arrepentirse.

Cuando abrí los ojos, el altar estaba lleno y más personas continuaban acercándose. Dios comenzó a revelarle a la gente que la religión no salva. Una denominación no salva. Ir a la iglesia —aunque es bueno y necesario— no salva. ¡Solamente el arrepentimiento y el poder de la sangre de Cristo salvan! Mucha gente va al altar para "corregir" lo que está mal en su vida; pero Dios no sólo quiere arreglar sus pecados: ¡Él quiere reacondicionar su vida completamente, hacer una transformación total a través del Espíritu Santo!

Una vida carente de oración

Los falsos convertidos son perezosos e impacientes para esperar en la presencia de Dios. No tienen tiempo para orar. No tienen tiempo para Dios porque no aman a Dios, aman al mundo.

¿Sabes cuántos creyentes de la iglesia aman las cosas del mundo? ¡Han perdido su primer amor por Dios! Dicen: "Pero estoy convertido. Hace veinte años levanté mi mano y fui adelante". ¿Qué quiere decir eso? ¿Dónde está el aceite? ¿Dónde está la llama del Espíritu Santo que debe arder en sus vidas? ¿Qué pasó con el fuego de Dios?

La profundidad de nuestra vida de oración determinará la profundidad con la cual Dios nos utilizará. Debemos pasar tiempo con el Señor, orando y buscando su rostro. A medida que pasamos tiempo con El, su carácter, pureza y pasión se irán imprimiendo sobre nuestros corazones y nuestras almas.

LLENEN SUS LÁMPARAS

Llega un momento en que el cristiano falsamente convertido pierde el temor de Dios. La Palabra no hace ningún impacto en su vida. Esta persona puede mirar un vídeo cristiano, oír un mensaje maravilloso o asistir a una gran conferencia, pero nada lo afecta: su corazón se ha secado. ¡Hoy es el día, Iglesia de Jesús, para buscar el aceite de la presencia de Dios! Es hora de volver al primer amor. Algunos pueden decir: "Yo soy bastante bueno". ¡Eso no es suficiente! Tienes que vivir en pureza total. "¿Y si fallo?" ¡Te arrodillas y pides perdón! ¡Vive en pureza o en arrepentimiento!

Muchas veces, ministrando en los Estados Unidos, he cantado la canción "Que caiga el fuego", de Paul Baloche. ¡Qué hermosa canción de avivamiento! Pero desde que el fuego cayó sobre mi vida no puedo cantarla estando de pie. Qué fuerte es cuando este fuego cae sobre uno. ¡Eso es lo que Dios desea hacer en tu vida! Pero te costará. El evangelista Billy Graham dijo una vez: "La salvación es gratis, pero el discipulado te costará todo lo que tienes".

Puede preguntarme: "¿Cuánto tiempo predicará el Evangelio de esta manera?" Hasta que el Señor vuelva. Continuaré hasta que la Iglesia esté tan santificada que cada creyente salga y sane a los enfermos en los hospitales, hasta que las iglesias se llenen de millares de personas, hasta que las ciudades sean radicalmente cambiadas por el Evangelio.

Es un privilegio servir a la Iglesia de Jesucristo, pero en la Iglesia falta arrepentimiento. La falsedad y la hipocresía abundan todavía; muchas personas aún están jugando al cristianismo. Es mi deber, en el nombre de Jesús, darte una palabra de advertencia: Pronto llegará un día en que el aceite, el poco que te queda, se te agotará por completo. Tú necesitas buscar la presencia de Dios. Necesitas entrar en su presencia y hacer del arrepentimiento tu primera prioridad.

Velad, pues, porque no sabéis el día ni la hora en que el Hijo del Hombre ha de venir.

—Mateo 25:13

He aquí, yo vengo pronto; retén lo que tienes, para que ninguno tome tu corona.

—Apocalipsis 3:11

He aquí, yo vengo como ladrón. Bienaventurado el que vela, y guarda sus ropas, para que no ande desnudo, y vean su vergüenza.

—Apocalipsis 16:15

¿Tienes el aceite del Espíritu Santo fluyendo en tu vida? ¿Estás brillando? ¿Amas a Dios con todo tu corazón? Si no, la Biblia misma pone a prueba la autenticidad de tu "salvación".

A veces aconsejamos a personas que preguntan: "Pastor, ¿he cometido el pecado imperdonable?" Les digo: "No, porque si lo hubieras hecho no estarías preocupado por ello". Cuando cometes el pecado imperdonable, la blasfemia contra el Espíritu Santo, el Espíritu Santo se retira; no hay más convicción de pecado. Gracias a Dios, todavía hay esperanza.

Si eres constantemente crítico, has permitido que el amor de Dios se enfríe en tu vida. No importa cuánto tiempo de creyente tengas, debes arrepentirte. Una vez un creyente nuevo me preguntó: "¿Sería posible que un ser humano estuviera físicamente vivo pero espiritualmente muerto?" Me alegré mucho al escuchar su pregunta porque pude ver que comenzaba a entender cómo son realmente las cosas en el reino espiritual.

Cuando el padre vio llegar a su hijo pródigo, el hijo estaba sucio y tenía el olor de los cerdos; pero el padre no dijo: "¡Báñenlo primero!" Al contrario, lanzó sus brazos alrededor del cuello de su hijo y lo besó (vea Lucas 15:20). ¿Eres un pródigo? Muchos cristianos se han alejado de los caminos del Señor. No trates de arreglarlo todo primero para después venir a Jesús. Ven tal como estás. El arrepentimiento es el primer paso.

Hermanos y hermanas, el Espíritu del Señor ha ocultado su rostro de los que tienen un espíritu religioso. Algunos de ustedes leyendo este libro sienten sus corazones fríos y no experimentan la presencia del Señor en sus vidas. Si eso te describe, toma un momento ahora y arrepiéntete de la frialdad de tu alma.

Otros que están leyendo esto son orgullosos y autosuficientes. Quizás nunca has comprendido el poder del Evangelio. No te comportas como un cristiano, ni le temes a Dios. Quizás seas el más difícil de salvar. Tú sabes mucho sobre el cristianismo y puede que digas: "Tengo una posición en la iglesia. Hace 25 años que asisto a ella". Si tu lámpara se está apagando ¿qué importa cuánto tiempo hace que estás en la iglesia?

¿Qué esperas para arrepentirte? ¿A que lleguen los ángeles y te lleven? No, porque el Señor respeta tu decisión de buscarlo a El o no. Cada cristiano tibio debe tomar ahora mismo un momento, y volver su rostro hacia Dios: Él podría estar guardando el mejor vino para lo último. Tu relación con El puede ser mejor de lo que fue nunca antes en tu vida. No te retrases; hazlo hoy mismo.

NOTA:

1. Sé que habrá alguien que quisiera que le conteste específicamente la pregunta: ¿Cuánto pecado nos descalifica para ir al cielo? Tendría que contestar de esta manera: Cualquier pecado que no ha sido confesado, grande o pequeño, si uno lo conoce y rehusa cambiar o arrepentirse de él, puede contaminar su vida entera. "¿No sabéis que un poco de levadura leuda toda la masa?" (1 Corintios 5:6). Ese puede ser el síntoma de que existe un estado interior de rebelión contra Dios. Lo que inclina la balanza no es la cantidad de pecado, sino la actitud hacia ese pecado y hacia Cristo.

Capítulo 9

ADVIERTA LAS SEÑALES DE DECADENCIA ESPIRITUAL

Era una hermosa mañana de primavera. Yo iba a salir de viaje al día siguiente y deseaba pasar el mayor tiempo posible con mis hijos. Ellos jugaban en el fondo de casa, bajo un sol radiante; todo estaba tranquilo. Me había levantado temprano, había orado un rato y ahora estaba disfrutando del día con los chicos. Nada hacía suponer que un peligro mortal nos acechaba.

Después de pasar un rato juntos en el patio dije a los niños: "Vayamos a dar un paseo en bicicleta". Subimos a nuestras bicis y fuimos a pasear, y cuando regresamos los chicos volvieron al patio, para jugar en una piletita de natación para pequeños que instalamos cada primavera, cuando sube la temperatura. Cuando los chicos se cansaron de jugar entramos a la casa, y entonces advertí que el perro ladraba insistentemente desde el patio.

Fui a ver qué sucedía y no podía dar crédito a mis ojos: exactamente en el mismo lugar donde minutos antes habían estado jugando mis hijos había un agujero enorme, de un antiguo pozo séptico en desuso. La tapa de cemento que lo había cubierto estaba en el fondo del agujero, bajo seis metros de agua.

Viendo la abertura, dudé si alguno de mis hijos podría haber caído dentro del agujero, así que entré a la casa con pánico y conté las cabezas: *uno, dos, tres chicos.* ¡*Ahhh!* *Todos están bien.* Di gracias a Dios por habernos protegido. Esa noche todavía temblaba por lo cerca que habíamos estado del peligro sin saberlo. A causa de las fuertes lluvias que habíamos tenido en la Argentina la tierra del pozo se había ido desintegrando, y formó una gran cavidad bajo la cubierta de cemento. A simple vista todo parecía estar bien, el césped estaba verde y el terreno normal como siempre; pero a medida que el sedimento iba cediendo, la cavidad se iba convirtiendo en una trampa mortal. Mis niños jugaban directamente sobre el hueco y no tenían la menor idea de lo que ocurría.

Frecuentemente nos despertamos para comenzar otro día normal, e imprevistamente sucede algo que altera el curso de nuestras vidas para siempre. Eso también ocurre en la vida cristiana: a veces no advertimos que hay potestades que intentan carcomer los cimientos debajo de nuestros pies.

Esta espantosa experiencia me llevó a meditar sobre las vidas que no están en sintonía con el Espíritu Santo, pues es vital que prestemos atención a las advertencias que Dios nos hace. Dios nos da señales del peligro para alertarnos sobre cosas que pueden acabar con nosotros, tales como la decadencia y la apatía. Si ignoramos al Espíritu Santo, en un momento dado sobrevendrá el derrumbe y nuestras vidas comenzarán a caer en pedazos.

Las Señales de la Decadencia Espiritual

El Diccionario Estándar de Wagnall define "decadencia" de esta manera: "Es el proceso de deterioro o decaimiento;

una condición o período de declinación, como en lo moral." Deseo compartirles algunas señales de la decadencia espiritual que pueden alertarnos para no caer en un pozo séptico espiritual.

Falta de energía espiritual y moral

La carencia crónica de energía espiritual y moral nos advierte de un peligro espiritual inminente. Oigo a la gente decir: "Yo no soy una persona mala o destructiva. No hago daño a nadie, pero no tengo fuerza para llevar una vida cristiana dinámica. Carezco de fuerza y motivación". Mucha de la gente que perdió la motivación está viviendo en un estupor espiritual.

Renuencia al cambio

Otra señal de decadencia espiritual es cuando nos negamos a cambiar. Rendimos pleitesía a los ídolos de la estabilidad y lo pronosticable. No deseamos ser incomodados por nada que sea diferente de lo que ya sabemos.

Falta de alegría

Recuerdo la primera vez que alguien me confrontó por la falta de alegría que había en mí. Una compañera de estudios en el Seminario Fuller se me acercó y me dijo: "Sergio ¿eres feliz?" No supe qué contestarle. Estaba viviendo un momento difícil, luchando contra el desaliento y la soledad. No me resultaba fácil darle una respuesta honesta. Cuando no hay alegría en la vida cristiana, es una señal de que algo necesita cambiar.

No estoy diciendo que nunca tendremos tristezas o sufrimientos ni que jamás tendremos problemas; digo que incluso en el medio del dolor y del gemir, puede existir el gozo del Señor.

Convertirse en controlador

Otro indicio de decadencia espiritual es cuando nos convertimos en seres muy controladores. Por ejemplo, deseamos ser los dueños de todo y hacer las cosas a nuestra manera, o defendemos constantemente nuestros derechos. Otro aspecto de este problema puede ser la obsesión de acumular riquezas.

Vivir con ansiedad y pánico

Las luces de advertencia destellan en forma de momentos de ansiedad y pánico. Puede ocurrir que sienta constantemente que algo anda mal, pero no logre saber qué es. Si usted tiene este problema, Dios le está hablando ahora mismo: El desea preparar su corazón para poder vertir su Espíritu dentro de su vida.

Aceptar el pecado como normal

Los problemas se afirman cuando la persona piensa: *Bien, es obvio que no puedo superar este vicio. Ya que me he puesto esta pesada carga de culpabilidad sobre los hombros, simplemente lo voy a esquivar. Cuando llegue la tentación cederé al pecado y luego me olvidaré de todo.* Algunos cristianos han firmado un tratado de paz con sus pecados. Han firmado un acuerdo que dice: "Ya que no puedo librarme de ti, te permitiré entrar en mi casa, pero deberás mantenerte en un nivel moderado y no incomodarme demasiado".

Tales individuos están tan engañados que no tienen idea de la clase de pacto que firmaron. Cuando permitimos a este tipo de pecado fijar residencia permanente en nuestras vidas y hogares, comienza a acarrear destrucción y desastre. El Espíritu Santo viene ahora mismo con una luz roja parpadeante y te está diciendo: "Querido hijo ¡despierta! ¡Despiértate tú que duermes y deja a Cristo brillar en tu vida!"

Si has estado ignorando estas luces de advertencia, ahora es el momento de recibir el mensaje que Dios está tratando de darte.

Tedio en la vida de oración

Algunos cristianos son tan disciplinados que oran aunque lo encuentren aburrido. Antes de ir a trabajar toman media hora para orar, pero se la pasan mirando el reloj y haciendo listas mentales de las cosas que tienen que hacer. Sus mentes y corazones están ausentes.

Tener los pies en la iglesia y los ojos en el mundo

Una persona puede pensar: *Hago todo lo que se espera que haga; voy a la iglesia, oro, etcétera.* Pero las pasiones más fuertes de su corazón no son la iglesia o las cosas del Señor: sus pasiones están en otro lado. Puede pensar: *"¡Qué placentero sería poder vivir como un mundano!"* O quizá exclame: "Qué grandioso es lo que hay allá afuera!" Las luces de este mundo lo han seducido.

Rehusando nuestras finanzas al Señor

Querido hermano ¿has estado reteniendo el dinero que el Señor ha puesto en tus manos para enriquecer y bendecir a tu iglesia local y a las misiones? Si es así, éste podría ser un indicio de que estás cayendo en la decadencia espiritual. Quizá no amas a tu iglesia como antes. A lo mejor algo se ha enfriado en tu corazón y el Espíritu Santo hace parpadear la luz roja para decirte: "No estoy viendo tu generosidad. Tus ofrendas no son heroicas como antes".

Sentirnos incomodados por la cruz

Cuando las palabras "sacrificio", "sufrimiento" y "la cruz" nos incomodan, cuando sólo deseamos escuchar mensajes de bendiciones y no de sufrimiento, nuestros corazones están necesitando un cambio. Muchos reciben el mensaje de prosperidad y evitan el llamado al arrepentimiento y al sacrificio. Alguna gente no desea oír hablar de la sangre de Jesús y de su sacrificio, porque les suena demasiado severo, y aunque sepan que precisamente ese sacrificio trajo la salvación y la vida eterna, deciden no escuchar.

Adicciones

Las adicciones son una fuerte señal de decadencia espiritual. Por ejemplo, el beber socialmente es un problema común. Las luces rojas de advertencia se prenden y se apagan cuando una persona 'necesita' un trago para sentirse bien o cuando él o ella cree que el alcoholismo traerá calma a su vida. El Espíritu Santo está diciendo: "¡Es hora de que hagas algo al respecto!" Es hora de que seas libre de esa esclavitud.

Las adicciones vienen en todas las formas y tamaños: pueden ser compras compulsivas, comer en exceso, novelas románticas sensacionalistas, apuestas o juegos de azar, uso de sustancias ilegales, ambiciones egoístas y codicia por el dinero. La lista, claro está, pueden alargarse más y más. (Tocaré el tema de las adicciones sexuales bajo el título "Enviciado con la pornografía").

Fatalismo

Otra señal de decadencia espiritual es el fatalismo, esto es, cuando la gente se lanza hacia el futuro como quien navega río abajo sin rumbo fijo. Piensan: *"No importa lo que haga, tengo la sensación de que mi vida va a terminar en frustración. Mi abuelo fue un fracasado, mi tío es un fiasco, algunos de mis amigos han fracasado y tengo la sensación muy fuerte de que yo también voy a fallar".* Estos pensamientos son otro indicio del peligro.

La Biblia dice que Cristo tiene un plan para nosotros y que el Señor nos ha llamado para ir de victoria en victoria y de gloria en gloria. Como hijos de Dios, nuestro futuro es radiante y esperanzado (véase Jeremías 29:11; 2 Corintios 3:18).

Enviciado con la pornografía

La pornografía es un pecado; es corrosiva y destructiva. Algunos han dicho: "Pero esto no molesta a nadie; es un secreto. Es algo que hago en mi mente o solamente en momentos privados". Un día tendremos que dar cuentas al Señor por cada acto perverso que hayamos hecho, mirado o hablado. Las revistas pornográficas se imprimen en el infierno. Algunas personas nunca compran tales publicaciones, pero las asquerosas fantasías pornográficas contaminan sus mentes de todos modos.

Entretenimiento profano

Otra señal de decadencia espiritual es cuando somos indulgentes con entretenimientos que no glorifican a Dios. Muchos creyentes viven vidas puras excepto cuando se entretienen en privado. Es como si estuvieran diciendo: "Ahora cuento con un permiso especial del Espíritu Santo para abandonar la pureza y dejar atrás mis principios". Durante esos lapsos se dejan entretener por bromas profanas o por videos inmorales que en otros momentos de su vida no aceptarían. Pero como la broma o la película viene con una dosis de humor, le abren paso en sus vidas y las de sus familias.

Deseo tomar un momento para advertirte que este tipo de acción erosiona la tierra y causa que el terreno debajo de tus pies se desintegre cada vez más hasta caer por completo. Tal entretenimiento "inofensivo" te daña a ti tanto como a tu familia.

La pasividad mortal

Pasividad es tener una actitud indiferente ante todo. Una muestra segura de pasividad espiritual es el entumecimiento emocional, al punto que la persona piensa que "nada le interesa". A quienes luchan con esto les digo que debe ocurrir algo con sus emociones. Debes dejar que el Espíritu Santo toque la fibra más íntima de tu corazón. Quizá pienses: *"Ni siquiera puedo sentir la presencia del Señor. No siento alegría ni tristeza; no puedo reír ni llorar"*. Dios quiere curar tus emociones. El desea rodearte con sus brazos, renovarte y tocarte de nuevo.

LUCES DE ADVERTENCIA
DE DIOS

Las señales de decadencia espiritual sirven para advertirnos de que algo anda mal; luego nosotros debemos decidir qué hacer al respecto. Se pueden comparar con las luces del tablero de instrumentos de un vehículo, que nos indican si falta aceite, si los frenos están a punto de fallar, si la batería no se está recargando, etc. Por ejemplo, cuando falta el aceite, hay un par de cosas que podemos hacer respecto a la luz roja que lo indica. Una opción es cubrirla con un trapo y olvidarnos del problema hasta que el motor recaliente al máximo y se destruya.

Nuestra conciencia y la voz del Espíritu Santo operan de la misma manera: muchas veces el Espíritu Santo nos habla y es como una luz roja que destella sin cesar para alertarnos. Nos está dando una señal para que sepamos que está por ocurrir algo peligroso, y nos muestra el camino para actuar antes de que sobrevenga el desastre.

¿Cómo podemos luchar contra estas cosas?

Cómo revertir el ciclo de la DECADENCIA ESPIRITUAL

El primer paso para revertir el ciclo de la decadencia espiritual es renunciar a la mentira viciosa según la cual es suficiente con tener un porcentaje razonablemente alto de santidad. Ya compartí mi testimonio de cómo el Señor me asió y sacudió, e hizo sonar las alarmas en mi vida. Todas las luces rojas parpadeaban ante mí y me dijo: "El 98% de santidad no es suficiente".

Yo pensaba que estaba a cuenta con el Señor. Vivía con un grado bastante alto de santidad y pensaba que eso era suficiente; sin embargo, Dios me reveló que cuando no caminamos en total obediencia, hasta nuestros ocasionales actos de obediencia llegan a ser ofensivos para El. Isaias 64:6 dice: "Todos nosotros somos como suciedad, y todas nuestras justicias como trapos de inmundicia".

Alguien dijo: "No le damos nada a Dios hasta que le damos todo". Mucha gente no le ha dado nada al Señor porque no le ha dado todo.

Dormidos en la luz

Hace unos años, el fallecido cantante cristiano Keith Green interpretó una melodía que decía: "Los pecadores están dormidos en la oscuridad, mientras la Iglesia está dormida en la luz". ¡Esta es una declaración muy fuerte y un enérgico llamado del Espíritu Santo a todos los creyentes para que despierten! Probablemente la mayor parte de los lectores de este libro son cristianos que aman al Señor: sepan que hoy en día el Señor está exigiendo más de su iglesia. Dios está llamando a sus siervos a una mayor entrega porque desea utilizarnos de una manera nueva y poderosa para llegar a niveles más altos en su reino.

EL CRECIMIENTO DE LA IGLESIA NO ES UNA AMENAZA PARA SATANÁS

Es hora de dejar atrás las cosas que obstaculizan nuestra santidad y de abrir nuestros corazones al 100% para Dios. Alguno puede decir: "Sí, yo sé que la Iglesia no es perfecta, pero por lo menos está creciendo". Sí, yo también alabo al Señor por eso. Cuando vemos un país donde la iglesia está creciendo rápidamente damos gloria a Dios; pero deseo hacer una declaración bastante radical: el crecimiento de la iglesia en sí mismo no es una amenaza para Satanás. El crecimiento de la iglesia sólo es una amenaza para el diablo cuando viene acompañado de santidad.

> *Mientras la Iglesia está rescatando a la gente de las aguas heladas, el propio bote salvavidas se va hundiendo.*

La iglesia es como un bote salvavidas en una nave que se está hundiendo en aguas heladas. Cuando la iglesia carece de santidad, cuando la familia cristiana no vive en pureza, cuando el creyente no ha buscado ni intentado ser como Jesucristo, el bote salvavidas está lleno de agujeros. Por un lado, la iglesia está sacando a la gente de las aguas heladas; y por otro, el propio bote salvavidas se está hundiendo.

Estuve en un país en donde el superintendente regional de una reconocida denominación cristiana no sabía qué hacer con este mensaje, pero más tarde Dios le tocó el corazón de tal manera que hizo la siguiente confesión en público:

> Hemos tomado el evangelio como un deporte, como un pasatiempo, y hasta nos sentimos orgullosos del gran crecimiento que hemos estado experimentando en nuestras iglesias. Nos hemos permitido retroceder, volvernos flojos y conformarnos con nuestro nivel de religiosidad. Hemos experimentado el crecimiento de la Iglesia sin santidad.

Amados hermanos y hermanas, es bueno continuar creciendo como iglesia, pero es mejor, y necesario, que crezcamos en la santidad de nuestro Señor Jesucristo.

Quizá reconoces en tu vida una o más de las senales de decadencia espiritual que acabamos de discutir. Si una de esas luces rojas está parpadeando en tu tablero de instrumentos espiritual, te pido en el nombre de Jesús que no te resistas a la voz de Dios. Arrodíllate en su presencia y dile ahora mismo: "Señor, quiero consagrarte mi vida y sé que puedo vivir al 100% en tu voluntad".

La Santidad se imparte,
no se gana

Cuando hablo de 100% de pureza no estoy hablando de perfeccionismo o de autodisciplina humana; estoy diciendo que la santidad de Cristo nos puede ser impartida. En 1 Corintios 1:30 dice: "Mas por El estáis vosotros en Cristo Jesús, el cual nos ha sido hecho por Dios sabiduría, justificación, santificación y redención".

Cuando tú vienes a la cruz de Cristo, la pureza y la santidad de Dios son libremente impartidas a tu vida. Vidas que alguna vez estuvieron manchadas y sucias por el pecado ahora están purificadas. Vidas que habían sido condenadas por el pecado ahora están perdonadas.

Algunos lectores quizá digan: "Pastor, he escuchado antes esta clase de mensaje. Ya estoy familiarizado con él." Pero no estoy preguntando si estás familiarizado con él; estoy preguntando, en el nombre de nuestro Señor Jesús: *¿Practicas* lo que oyes? ¿Estás aplicándolo en tu vida?

DEJE QUE DIOS LO SANTIFIQUE

> Absteneos de toda especie de mal. Y el mismo Dios de paz os santifique por completo; y todo vuestro ser, espíritu, alma y cuerpo, sea guardado irreprensible para la venida de nuestro Señor Jesucristo.
>
> —1 Tesalonicenses 5:22, 23

Nota el sentido de completamiento (de perfección) en este pasaje: esta Escritura es para los que no créen en la doctrina de la santidad completa. Es un martillo de Dios que rompe las falsas concepciones de nuestros corazones.

La llave para evitar la decadencia espiritual es ésta: pedir al Señor que *El* nos purifique totalmente y nos imparta su santidad.

Hace un tiempo ministré a un joven que estaba luchando con diversos pecados. El había permitido que la cólera, la blasfemia, la ira, la discordia y la pornografía entraran en su vida y ahora luchaba para ser libre. Se arrepintió y expresó su deseo de cambiar. Recientemente averigüé cómo seguía y me dijo: "Le dije al Señor, 'Si tú realmente quieres que yo viva una vida santa, tendrás que quitar el mundo de mi corazón'. Y ¿sabe usted? ¡Dios lo hizo! He sido cambiado totalmente y vivo en victoria!"

El Señor quiere que todo nuestro ser sea santo—no solamente nuestra alma y nuestro espíritu, no solamente los aspectos religiosos de nuestra vida, no solamente el domingos o los días en que tenemos servicios en la iglesia. De este lado del cielo no pueden evitarse las tentaciones, pero la pasión por Dios puede ser tan fuerte que eclipse las luces enceguecedoras de la tentación.

ABANDÓNELO TODO PARA ANDAR EN CAMINOS DE SANTIDAD

El primero nos llama y luego nos pide que abandonemos todo lo demás. El pide que estemos quebrantados y que nos apartemos de nuestros deseos terrenales. El dice: "Si alguno viene tras de mí, niéguese a sí mismo, tome su cruz y sígame" (Marcos 8:34). Esto es un llamado a sacrificar todas las cosas de nuestras vidas en el altar de Dios. Es un llamado a decir no a la forma de vida mundana y a seguir a Jesucristo sinceramente.

Pero después de esta entrega viene su promesa:

"Fiel es el que os llama, el cual también lo hará".

—1 Tesalonicenses 5:24

Vengo a ti con la convicción de que Jesucristo hará la obra en nuestras vidas si le damos permiso para hacerlo.

Algunos meses atrás un joven de mi congregación me hizo esta pregunta: "Pastor ¿cuánto tiempo va a predicar sobre santidad?"

Le contesté: "¡Hasta que la iglesia entera se arrepienta! ¡Hasta que la santidad de Dios sea completa en la congregación!" ¿Por qué no creer que Jesús, el sanador, es también el santificador? ¿Por qué no creer que todos los hombres, mujeres y niños pueden vivir en pureza?

Este tipo de comisión no significa que jamás cometeremos ningún pecado, porque somos humanos y frágiles. Pero podemos decir: "Si permanezco en la gracia del Señor, yo puedo andar en caminos de santidad". Porque busqué santidad y recibí la santificación por fe, puedo afirmar con Pablo: "Mi conciencia está limpia" (1 Corintios 4:4).

Cuán maravilloso es cuando podemos estar parados firmemente ante el Señor y decir: "Mi conciencia está limpia. Por la gracia de Dios, por la sangre de Jesucristo he sido purificado de todo mal". El Señor pone su "tesoro en vasos de barro para demostrar que el poder es de Dios y no nuestro" (2 Corintios 4:7).

Si tú eres un vaso de barro, entonces eres un candidato a recibir la impartición del poder de su santidad. ¡Sólo pídelo y lo recibirás!

Capítulo 10

UN CAMBIO DE ROPAS PARA EL SUMO SACERDOTE

El fuego de santidad es una cosa maravillosa, pero mucha gente no sabe qué hacer con este fresco mover de Dios. Me dicen: "¿Cómo mantengo este fuego de santidad en mi vida?" Veamos algunos principios claves para recibir y mantener el fuego de Dios.

PRECAUCIÓN: EL ACUSADOR SIEMPRE ESTÁ AL ACECHO

> Me mostró al sumo sacerdote Josué, el cual estaba delante del ángel de Jehová, y Satanás estaba a su mano derecha para acusarle.
>
> —Zacarías 3:1

Observe este extraño cuadro: Josué, el sumo sacerdote y pastor principal de Israel, está parado delante del ángel de Jehová, y Satanás está parado a la derecha de Josué. ¡Hasta Josué el sumo sacerdote de Israel, está siendo acusado por Satanás!

Muchos creyentes conviven con las acusaciones del enemigo, tal como Josué. De hecho mientras lees este libro, quizás te estés diciendo: *Experimento un permanente sentimiento de culpabilidad. Me arrepentí de cada pecado conocido, y a pesar de todo me siento culpable y no sé qué hacer al respecto*. Recuerda, hermano, hermana: acusar a los cristianos es uno de los principales ministerios del diablo.

> Entonces oí una gran voz en el cielo que decía: Ahora ha venido la salvación, el poder y el reino de nuestro Dios, y la autoridad de su Cristo; porque ha sido lanzado fuera el acusador de nuestros hermanos, el que los acusaba delante de nuestro Dios día y noche.
> —Apocalipsis 12:10

Vamos a ver lo que hizo el Señor en este caso. Algunos de ustedes tienen al ángel del Señor adelante; pero también tienen al acusador parado a su derecha. Muchos todavía están oyendo la voz del enemigo. Incluso cuando predicas o enseñas, no experimentas completa libertad, porque hay reclamos contra ti. Pero estas demandas no son de Dios: es Satanás quien está acusando a la Iglesia, a los matrimonios, a los ministerios y a los creyentes individualmente.

La meta de Satanás es ensuciar, quitar la buena reputación de los líderes, deshacer la buena conducta moral y acusar. El hará todo lo que esté a su alcance para destruir la buena conducta moral de algunos y para acentuar la inmundicia de otros. El Espíritu Santo viene a darnos convicción de pecado; Satanás viene a llenarnos de un sentimiento de culpabilidad que jamás se puede resolver.

EL SEÑOR REPRENDE A SATANÁS POR NOSOTROS

Observe lo que el Señor dice en su palabra: "Y dijo Jehová a Satanás" (Zacarías 3:2). Puede verse aquí que el Señor no habla primero a Josué. El habla primero al demonio. Y el ángel que representa a Dios mismo dice:

Jehová te reprenda, oh Satanás;
Jehová que ha escogido a Jerusalén te reprenda.
—Zacarías 3:2

La primera cosa que debemos entender es que el Señor nos ha elegido. Somos pueblo elegido por Dios. Tenemos un destino, lo cual significa que el Señor tiene un plan glorioso para nuestras vidas. En el reino de Dios no hay ciudadanos de segunda clase: ¡a través de la cruz de Cristo, todos somos ciudadanos de primera clase!

Porque el Señor ha elegido a la Iglesia, El reprende al diablo. Muchos cristianos tienen complejo de culpa y piensan que es obra del Espíritu Santo; pero esta clase de culpabilidad nunca santifica, solamente trae pesar y tristeza. Es una tortura mental, que no nos purifica. Esta es la diferencia entre la condenación (que es del enemigo y nos conduce lejos de Dios), y la convicción (que es del Espíritu Santo y nos conduce a los brazos de Dios).

El diablo trae un sentido general de culpa, porque su meta es hacernos sentir sucios. Pero el Espíritu Santo trae convicción de pecado; el Espíritu Santo es específico: él quiere arrancar el pecado de nuestras vidas, quiere quitar lo que nos quedaba de la vieja vida.

Así, la primera cosa que el Señor hace con Josué es reprender a Satanás, porque el diablo no tiene ningún derecho sobre la vida de él. El Señor también hace esto por nosotros. Pero mire que la situación de este sumo sacerdote empeora, el Señor dice: "¿No es éste un tizón arrebatado del incendio?" (Zacarías 3:2). Usted y yo somos tizones arrebatados del fuego del pecado y del cautiverio. El Señor nos ha sacado de la cautividad, nos ha librado de la inmundicia de este mundo. Pero muchos cristianos todavía arden, todavía están humeando, y el Señor también desea quitarles eso. Recuerde que Josué y sus compatriotas judíos salían del cautiverio en Babilonia. Como sumo sacerdote, Josué era acusado de ser incapaz. ¿Le parece familiar este cuadro? Hoy en día muchos pastores y maestros se descalifican porque se sienten incapaces e incompetentes. Cuando se da un ministerio en la iglesia a personas que se sienten culpables, se corre el riesgo de que traten de usar la posición para librarse de su complejo de inferioridad. Son tizones ardientes arrebatados del fuego.

¿UN SUMO SACERDOTE CON ROPAS SUCIAS?

"Y Josué estaba vestido de vestiduras viles, y estaba delante del ángel" (Zacarías 3:3). De una manera similar, nuestras iglesias se llenan de gente que lleva vestiduras viles. Muchos ministerios están plagados de engaños, de envidias, con mucho temor a perder su lugar de importancia. ¿Sabe qué es esto? Vestiduras viles. Hay gente que va de una conferencia cristiana a otra, recibiendo de diversos siervos del Señor y diciendo: "Señor, bendíceme como estoy". Pero Dios no puede hacerlo, porque su ropa provoca náuseas.

El Señor quiere cambiar nuestras ropas viles y hacernos vivir con una conciencia totalmente limpia. Es posible. Dios puede hacerlo. Y cuando la iglesia es santificada, los dones de Dios comienzan a manifestarse. Entonces la santidad de Dios comienza a fluir en las calles y el poder de Dios empieza a tocar las universidades, las escuelas, las oficinas y los dormitorios.

Nadie debe vivir una vida de derrota, porque Dios le está diciendo al diablo: "Te reprendo. Deja ir a los cristianos, deja ir a la Iglesia". Pido a Dios que reprenda al acusador en tu vida. ¡Eres libre! El Señor está haciendo una obra maravillosa en tu vida.

Aquellos de ustedes, lectores, que tienen poca fe, díganle al Señor ahora: "Creo, ayuda mi incredulidad; fortalece mi fe". El fuego de Dios viene a todas las naciones. El Espíritu de santidad y poder, y el conocimiento de la gloria del Señor cubrirán la tierra, como las aguas cubren el mar (véase Isaías 11:9).

Da gracias al Señor por el avivamiento que viene al mundo. Toma un momento y repite esta oración:

Señor, no me pases por alto. Usame. No me dejes de lado. Quiero estar en el centro de tu voluntad. Soy un tizón arrebatado del fuego. Cambia mis viles ropas ahora mismo. Purifícame, límpiame y dame la autoridad que necesito. Amén.

Un Cambio de Ropas Para el Ministerio

Y habló el ángel, y mandó a los que estaban delante de él, diciendo: "Quitadle esas vestiduras viles. Y a él le dijo: Mira que he quitado de ti tu pecado, y te he hecho vestir ropas de gala".

—Zacarías 3:4

Quitaron las vestiduras viles de Josué. Dios quiere que tú pases por una crisis, una preciosa crisis de santidad. Quiere que toda tu vida, tu familia y tu ministerio pasen por el fuego de Dios, de modo que Él pueda transformar todo lo que quiera.

Zacarías 3:4 continúa diciendo: "Y a Josué le dijo: 'Mira que he quitado de ti tu pecado, y te he hecho vestir ropas de gala'." Quizás tú ya hayas experimentado la forma en que Dios quita las ropas sucias; a lo mejor lo viviste mientras leías este libro. Pero después de tu arrepentimiento, él Señor desea darte ropas de gala.

De nuevo con Josué. "Después dijo: 'Pongan mitra limpia sobre su cabeza', y pusieron una mitra limpia sobre su cabeza, y le vistieron con sus ropas, y el ángel de Jehová estaba de pie." (v. 5). Una mitra es un turbante, un paño que se envuelve alrededor de la cabeza. La mitra en este pasaje representa la protección de Dios sobre nuestros pensamientos y ministerio. Un significativo número de cristianos tiene control sobre muchas cosas en su vida, pero no puede controlar su mente. Cuando viene el fuego de Dios, trae autoridad y una capacidad de reacción instantánea contra el pecado.

¡LA SANTIDAD NO ES SOLAMENTE AMAR A DIOS, SINO TAMBIÉN ODIAR EL PECADO!

Por eso estimé rectos todos tus mandamientos sobre todas las cosas, y aborrecí todo camino de mentira.
—Salmo 119:128

Cuando el bautismo de Espíritu Santo y fuego viene sobre tu vida, desarrolla en ti una indignación santa contra el poder del pecado, y comienzas a aborrecer todo camino de maldad. Santidad no es solamente amar a Dios, es también odiar al pecado. Si tú no odias tu pecado, no vas a librarte de él. Ruego a Dios que te dé un perfecto desprecio y odio contra tu pecado.

> *El Señor nos está pidiendo que declaremos la Guerra a nuestros pecados.*

Como dijimos anteriormente, algunos habían acordado una convivencia pacífica con su pecado. Pero el Señor nos está pidiendo que le declaremos la guerra a nuestros pecados. ¡Declárate enemigo de tu alcoholismo, enemigo de la lujuria, enemigo de la pornografía, enemigo de la violencia familiar, y declárate amigo de Dios!

LA SANTIDAD TE AYUDA A ENCONTRAR TU LUGAR

¿Cuántos santos están en el lugar incorrecto? ¿Cuántos de ustedes dirían: "Pastor, me siento frustrado. Parece que no encajo en ningún lugar. La gente no me reconoce ni valora. Ni yo mismo me valoro"? La palabra de Dios nos dice en Zacarías 3:7 que si tú sigues los caminos de pureza y santidad, el Señor te dará un lugar en el reino de Dios:

> Así dice Jehová de los ejércitos: "Si anduvieres por mis caminos, y si guardares mis ordenanzas, también tú gobernarás mi casa, también guardarás mis atrios, y entre éstos que están aquí te daré lugar".

LOS HOMBRES Y LAS MUJERES SIMBÓLICOS PUEDEN PROVOCAR EL CAMBIO

> Escucha pues, ahora, Josué sumo sacerdote, tú y tus amigos que se sientan delante de ti, porque son varones simbólicos. He aquí, yo traigo a mi siervo el Renuevo.
>
> —Zacarías 3:8

"Simbólicos" en este versículo se refiere a aquéllos que son una muestra o símbolo —un ejemplo o influencia— de su rectitud. A medida que los líderes y pastores cristianos caminen hacia la santidad del Señor, sus iglesias y congregaciones serán impactadas. Los cristianos simbólicos representan hoy en día una generación que arde en una pasión consumidora por Dios. Cuando la Iglesia se santifique, nuestras ciudades cambiarán y el mundo va a temblar.

Todo el pecado será eliminado en un solo día

Dice el Señor Dios Todopoderoso: "Y quitaré el pecado de la tierra en un día".

—Zacarías 3:9

A menudo, durante un avivamiento se da un rápido y dramático arrepentimiento masivo. A principio del siglo veinte un avivamiento de fuego arrasó a la nación de Corea. Cuando comenzó, el Señor quitó el pecado de mucha gente en sólo unas horas. Amados, estamos hambrientos, ¡queremos ver días como esos por todas las ciudades alrededor del mundo!

Para que ese día llegue, usted y yo tenemos que renunciar a las ropas sucias y dejar que el ángel del Señor nos dé ropas nuevas. Entonces el fuego descenderá y nos llevará a esparcir el Evangelio de Jesucristo por todo el mundo.

Algunos dicen: "Pastor no estoy seguro de querer recibir ese fuego. Si viene, me da miedo perderlo en un par de días". Como me dijo el pastor Claudio Freidzon cuando recién había recibido el bautismo de fuego, te digo a ti: "Amado, este fuego jamás te abandonará".

¡Jesús, quítame ahora mismo las vestiduras viles!

Quisiera invitar a cada cristiano que todavía tiene pecado en su vida a detenerse brevemente ahora y a orar. Dios está a punto de darte vestiduras nuevas y limpias. Esto no es sólo para algunos; el fuego de Dios es para todo el Cuerpo de Cristo. Ven a Jesús y recibe ya el bautismo de fuego.

Toma unos momentos ahora para quitar cualquier cosa sucia que sigas teniendo en tu vida. Declaro que ningún vicio, mal hábito o atadura tiene más poder que Jesucristo. Si acudes a Jesucristo, Él quitará todas tus vestiduras sucias. Estamos esperando el día en que tú, a través de tu iglesia, invadas tu ciudad y veas miles y miles arrodillándose a los pies de Jesús.

Algunos de ustedes recibirán el bautismo de fuego para alcanzar ciudades enteras. Algunos lo recibirán para alcanzar países enteros para Cristo. Quizás estés pensando: "Necesito que Jesús cambie mis ropas". Si Dios te está dando esa convicción, no vaciles: toma un momento ahora mismo y dile: "Jesús, quita mi pecado; echa lejos mi ropa sucia. Haz lo que quieras conmigo". Pido al Señor que te dé la bendita capacidad de gemir por tu pecado. El está mirando complacido la ofrenda que hemos presentado, la ofrenda de un corazón quebrantado.

Cada persona que necesita terminar con una relación que está fuera de su voluntad, tome un momento ahora mismo y entréguesela a El. Si todavía queda algo que debes remover de tu vida, te invito a leer esta oración en voz alta y con sinceridad, desde lo más profundo de tu corazón:

> *Gracias, Señor, por haber muerto en la cruz por mí. Señor, sé que puedo vivir en santidad y pureza. Por eso ahora recibo la santidad de Jesucristo. Angel del Señor, quita mis ropas viles y dame una nueva vestidura. Dame ropas de pureza, santidad y alegría. Mi Señor, perdona mi pecado y líbrame de mi rebeldía. Cambia mi carácter, transforma mi conducta para con mi familia, trabajo e iglesia. Hazme una nueva persona.*

Señor, vacíame de todo lo que sea mío. Límpiame el corazón. Vacíalo para que pueda prepararme para recibir el fuego de santidad. Señor, prometo que cuidaré este fuego; lo atesoraré. Lo guardaré, con tu ayuda, hasta el día de Jesucristo. Odiaré el pecado y viviré en pureza para ti. Te lo prometo, mi Dios, en el nombre de Jesús.

Y ahora mi Señor, abrázame con tu amor. Recibo tu misericordia, gracia, perdón, aprobación, pureza y fuego para mi iglesia y para mi ciudad. ¡Lo recibo ahora!

El Señor está aceptando esta ofrenda ahora. Toda la obra del diablo ha sido cancelada, porque la Iglesia se ha santificado. El Señor ha reprendido a Satanás: no hay condenación para los que están en Cristo Jesús. Amén.

Capítulo 11

LA DINÁMICA DE LA TENTACIÓN

Tengo en mi corazón una carga por los siervos del Señor. Mi deseo es que sus frutos permanezcan y que perseveren firmes en el Señor. La tarea de pastores, evangelistas, profetas, maestros y apóstoles no es lograr un gran ministerio personal sino equipar, pulir y preparar a los santos para la obra del servicio al Cuerpo de Cristo.

Deseo compartir lo que el Señor, por su gracia, me ha mostrado, para que si tú estás en el ministerio, tu ministerio crezca y seas afirmado. Mi oración es que dentro de un año te encuentres mejor de lo que estás hoy y que dentro de cinco, si el Señor tarda en su venida, estés mejor todavía; siempre creciendo en la gracia de Dios. Pero aunque no estés sirviendo en el ministerio a tiempo completo sugiero que no saltes al próximo capítulo. Los siguientes principios se aplican a todos los creyentes que desean estar mejor preparados para resistir la tentación.

LECCIONES SOBRE LA TENTACIÓN DESDE GÉNESIS 3

Génesis capítulo 3 nos habla sobre la tentación y cómo defendernos de ella. Deseo compartir sobre la dinámica de la tentación y cómo manejarnos al respecto. En Génesis 3:1-3 leemos:

> Pero la serpiente era astuta, más que todos los animales del campo que Jehová Dios había hecho; la cual dijo a la mujer: "¿Conque Dios os ha dicho: No comáis de todo árbol del huerto?" Y la mujer respondió a la serpiente: "Del fruto de los árboles del huerto podemos comer; pero del fruto del árbol que está en medio del huerto dijo Dios: 'No comeréis de él, ni le tocaréis, para que no muráis'.

Cómo defendernos de la tentación

Mientras estemos aquí en la tierra, tendremos que lidiar con el problema de la tentación siempre, aunque estemos en medio de un gran avivamiento. Aunque usted sea uno de los mejores obreros con que cuenta la iglesia en todo el mundo, también tendrá que afrontar la tentación. Si no está preparado para hacer frente a este problema, es posible que el enemigo gane victoria sobre su vida. ¿Cómo podemos prepararnos? Veamos algunas maneras.

Debes saber que el enemigo es insidioso y extremadamente astuto

¿Cómo obra la tentación? Ante todo, la tentación viene disimuladamente porque el diablo actúa con inteligencia. El diablo no es tonto: él viene con sagacidad infernal, y se empeña en engañarnos. Si el diablo logra captar su atención y distraerlo de la guía de Dios, puede obtener control sobre su vida. Sin embargo, ¡Satanás no puede hacernos algo a menos que le demos lugar! El problema reside en que, como somos seres humanos, le damos lugar para que intervenga.

*Debes saber que el pecado es tan impotente
como una serpiente congelada.*

El pecado es como una serpiente congelada: no tiene fuerza ni autoridad sobre nosotros, porque en el Calvario se completó la obra. El problema comienza cuando un cristiano dice: "pobre serpiente, debe tener frío", y la coloca cerca del fuego para calentarla. Entonces revive, y cuando revive, ataca.

¡No converses con el Diablo!

Vemos en Génesis 3 que la serpiente era mucho más inteligente que el resto de los animales del campo. Ella vino con astucias y le habló a la mujer. ¿Sabe cuál fue el primer problema? ¡Que la mujer decidió conversar con la serpiente! Uno de los aspectos que han caracterizado poderosamente el ministerio de mi padre es la liberación; y desde mi niñez, puedo recordarlo enseñando este principio: "No dialogues con el diablo".

Como ministro, a menudo siento en mi espíritu que algunas personas de la audiencia no pueden prestar atención a mi mensaje porque están oyendo otras voces. En ocasiones me he detenido a pedir que cualquiera que esté escuchando esas voces levante su mano, y es asombroso ver cuánta gente responde.

Y tú ¿oyes voces? Hasta puede sonar como si fuera el Espíritu Santo, pero en tu espíritu sabes que algo en esa voz no concuerda con la Biblia. ¿Tienes pensamientos suicidas, o ideas de que morir puede ser un acto noble, ya que no logras cumplir tus deberes en la vida? Asegúrate de rechazar esa clase de consejo. Viene directamente del infierno: ¡recházalo!

Pide al Espíritu Santo que te dé discernimiento. Consulta a cristianos maduros. Identifica las voces engañosas. Como dice Ed Silvoso: "No dejes que los demonios te enseñen teología." Debemos resistir a los demonios y echarlos. Tenemos la seguridad de poder dirigirnos aun al propio Satanás y resistirlo bíblicamente diciéndole: "Satanás, Jehová te reprenda" (véase Zacarías 3:2). No debemos tener una actitud de camaradería con el enemigo, sino ser agresivos y desarrollar una mentalidad de guerra contra él.

Debes discernir la inmoralidad demoniaca

Un pastor de Brasil me contó esta historia:

En mi vida como creyente nunca había tenido que luchar contra la pornografía y la lujuria: simplemente eso no era parte de mis luchas. Pero hace un año, de repente, comencé a obsesionarme completamente con la lujuria y la pornografía. Era algo abrumador, y lo sentía como algo que venía de fuera de mí. Algunos amigos pastores y yo comenzamos a orar, y al poco tiempo un convertido del ocultismo vino a mí y me dijo que él año anterior, diez grupos de Macumba (un culto satánico del Brasil) del área donde vivo, habían hecho una lista de personas a quienes querían destruir con la inmoralidad. Me dijo: "Su nombre está en cada una de las listas". Al descubrir la estrategia del enemigo, esta gente oró directamente contra los dardos de la inmoralidad. En vez de volverme atrás por la culpabilidad y la vergüenza, me opuse agresivamente y utilicé mi fuerza para resistir la invasión satánica, y por la gracia de Dios, tuve éxito.

Meses más tarde visité la ciudad de este hombre, donde se realizaba una conferencia. Este pastor había sido bautizado con fuego de una manera espectacular. Me gozo al ver cómo ministra bajo el poder del Espíritu Santo.

Algunos ministros se sienten culpables por sus pecados secretos cuando, en algunos casos, el ocultismo ha estado bombardeando sus mentes. Necesitan distinguir entre su propia carnalidad y lo que es un ataque directo, no pueden ignorar las maquinaciones de Satanás (véase 2 Corintios 2:11). Confiesa tus luchas a Dios, arrepiéntete si has cedido al señuelo del enemigo y resiste a Satanás.

Debes estar consciente de que la tentación viene gradualmente

El problema es que el enemigo avanza de un modo gradual y progresivo. Tal como la serpiente se arrastra sobre la tierra, así la tentación se desliza hacia nuestras vidas. Es similar al experimento de laboratorio con la rana y el agua caliente. Se coloca una rana dentro de un recipiente con agua; es un recipiente del cual ella puede saltar cuando quiera, pero se lo coloca en un hornillo y comienza a calentarse muy lentamente. Así, aunque el agua se va calentando la rana no se mueve, porque no se percata de que la temperatura sube. Pero gradualmente la temperatura del agua sube hasta alcanzar el punto de ebullición y la rana muere. Este experimento muestra de modo muy claro el principio del peligro de la gradualidad.

> *La tentación es un peligro gradual. Piensas que todo está bien, pero la temperatura a tu alrededor está subiendo.*

Esa es la forma en que obra la tentación en mucha gente: es gradual y se mueve callada y progresivamente. Y una vez que le permitiste entrar en tu vida, la tentación continuará ganando terreno; por eso es tan importante poner fin a esos pensamientos y modos de conducta que se han deslizado en tu vida. Debes arrepentirte de ellos en el altar del Señor. Es muy fácil pensar *"estoy bien"* sin advertir que la temperatura a tu alrededor está subiendo.

Muchos advierten demasiado tarde que le habían abierto la puerta al enemigo; entonces Satanás los atrapa y les causa gran daño. Por cierto que después puede aplicarse perdón, gracia y misericordia, pero ¡cuánto más difíciles son las cosas para el que cae! ¡Cuánto mejor sería poder decir "¡Gracias, Señor, por haberme guardado y protegido!" Es maravilloso poder conservar un testimonio puro y gozar de la protección del Señor.

Infortunadamente, Eva no ignoró las palabras del diablo y entabló conversación con él. La serpiente se ingenió para hacerle una pregunta aparentemente razonable. No le dijo: "Eva, ¿quieres pecar hoy?", sino que dijo: "¿Conque Dios ha dicho 'No comáis de todo árbol del huerto'?" (véase Génesis 3:1).

> Y la mujer respondió a la serpiente: "Del fruto de los árboles del huerto podemos comer; pero del fruto del árbol que esta en medio del huerto dijo Dios: 'No comeréis de él, ni le tocareis, para que no muráis'." Entonces la serpiente le dijo a la mujer: 'No moriréis'".
>
> —Génesis 3:2–4

Si la conversación se hubiese detenido ahí, quizás Eva habría dicho: "Eres una mentirosa; me voy de aquí". Pero Satanás no sólo le dijo mentiras, sino que las mezcló con algo de verdad. Él dijo:

"No moriréis; sino que sabe Dios que el día que comáis de él, serán abiertos vuestros ojos, y seréis como Dios, sabiendo el bien y El mal".

—Génesis 3:4, 5

En cierto sentido, Adán y Eva iban a ser como Dios porque iban a conocer tanto lo bueno como lo malo. Iban a perder su inocencia humana. ¿Qué hizo Satanás? Les trajo como quien dice veneno envuelto en chocolate, e hizo su discurso lo suficientemente intrigante como para que Eva dijera "Qué interesante; qué doctrina tan atrayente". Y así Eva comenzó a dudar.

Aprende a manejar tu espada

¡Cuán diferente fue con Jesús en el desierto! Satanás tentó a Jesús con deseos mundanos: grandeza, alimento y fortuna. En un minuto, Jesús pudo haber tenido todos los reinos de esta tierra si se hubiese arrodillado ante Satanás (véase Lucas 4:1–13).

Pero el Señor dijo: "Escrito está" y rechazó al diablo con las Escrituras. En cambio Eva dudó y falló. Muchos cristianos inseguros se sientan en las iglesias cada semana, participan del servicio y quizás hasta experimenten las bendiciones de Dios, pero lamentablemente, muchas veces sólo les dura el tiempo que están en la reunión. Cuando regresan a sus hogares comienzan a dudar y vuelven a su estado espiritual anterior.

No vaciles frente a la tentación.

Una de las señales de un cristiano que no está bien plantado en el Señor es que tiene un carácter inconstante. La Biblia dice que el hombre de doble ánimo es inconstante en todos sus caminos (véase Santiago 1:8). Si es un pastor, su fuerza comenzará a disminuir e irá socavando su propio ministerio. Es como la ola del mar, que en un momento está grande y al siguiente se desvanece. Está tan inseguro como Eva frente a la serpiente.

Quizás Eva era como esos creyentes que me dicen: "Yo no le creo a nadie. Me mintieron, me dieron una profecía que no se cumplió. He perdido mi fe en todo lo sobrenatural". Sé cuidadoso, hermano, hermana. Que el Espíritu de Dios te guarde de levantar barreras contra el conocimiento de Cristo.

No le estoy trayendo una serie de argumentos humanos o carnales, sino advirtiéndole que las armas de nuestra guerra no son carnales sino poderosas en Dios para la destrucción de fortalezas (véase 2 Corintios 10:4). La palabra "destrucción" en el griego también significa pulverizar, desbaratar las fortalezas que se levantan.

Estas fortalezas pueden tomar la forma de conclusiones erróneas o mal encaminadas. Pueden ser barreras mentales que se levantan contra el conocimiento de Cristo y la luz del Espíritu Santo. ¿Es posible que un ministro o un obrero de la iglesia tenga fortalezas? ¡Sí! Cuando Pablo hablaba a la Iglesia de Corinto sobre las fortalezas, estaba hablando a creyentes. En 2 Corintios 10, cuando Pablo habla de fortalezas que se levantan contra la Iglesia, se refiere a paredes invisibles que están bloqueando parte de la bendición de Dios.

No te dejes impresionar por el mundo

Eva dudó y comenzó a mezclar cosas. Ella vaciló. Génesis 3:6 dice:

> ...y vio la mujer que el árbol era bueno para comer, y que era agradable a los ojos, y árbol codiciable para alcanzar la sabiduría; y tomó de su fruto, y comió; y dio también a su marido, el cual comió así como ella.

Eva se dejo envolver por las palabras de la serpiente. Era curiosa y deseó probar lo prohibido. Hoy hay en la Iglesia mucha gente que está luchando con el mismo problema. Están paralizados por su pecado. Piensan *"no voy a hacerlo"*, pero su corazón todavía lo desea. Admiran al mundo, lo acarician. Por vergüenza religiosa, algunos no practican abiertamente el mal, pero se dicen interiormente *"desearía poder"*. Sueñan despiertos con las cosas prohibidas.

Estando en España con algunos misioneros que amo mucho y que han sido muy influyentes en mi vida, comenzamos a conversar sobre lo agradables que son los almacenes en los Estados Unidos, cuánto progreso ha logrado esa nación y cómo admiramos las cosas materiales que tiene. Aunque no lo advertí al principio, estábamos deslumbrados por las cosas del mundo. La Biblia no dice que no podamos disfrutar de las cosas que están en el mundo, porque Dios puso cosas buenas, como el alimento, para que las disfrutemos. El dotó a nuestra lengua de la capacidad de gustar los sabores con el propósito de que seamos capaces de saborear la buena comida. No es malo disfrutar de tales cosas, pero es incorrecto enamorarnos de ellas.

Mientras conversábamos acerca de esto, mi amigo pastor comenzó a recitar 1 Juan 2:15: "No améis al mundo, *ni las cosas que están en el mundo*" (el énfasis es mío).

Me dije: *Esta es palabra de Dios para mi vida. Es una reprimenda y un desafío para mi alma. Voy a cambiar. Quiero pensar de otra manera.* No deseo amar lo que está en esta tierra, porque todo esto pasará.

Muy pronto, se cumplirá la voluntad eterna, y lo que es temporario no importará más. Debemos tener cuidado y no permitir que nada nos robe nuestra pasión al punto de eclipsar nuestro amor por Cristo. Debemos tener cuidado de que nada nos atrape ni nos ate.

Asume la responsabilidad por tus acciones

Parte del problema de Adán y Eva fue que no asumieron la responsabilidad de sus acciones. Eva cayó e invitó a su marido a que se le uniera. Luego Adán se excusa ante Dios diciendo: "La mujer que me diste por compañera me dio del árbol, y yo comí" (Génesis 3:12).

Hombres, es necesario que asumamos la responsabilidad pastoral de nuestros hogares y que no desviemos hacia nuestras esposas deberes que nos competen. A menudo les digo a los hombres de nuestra congregación: "Hermano, el pastor de tu hogar eres *tú*. El pastor de tu esposa y de tus hijos eres tú". ¡Cuán importante es para nosotros, los hombres, asumir la responsabilidad espiritual de nuestros hogares!

Algunos podrían decir: "Sí, pero mi esposa es más espiritual que yo. Soy más bien un hombre de negocios, un administrador". En términos del liderazgo espiritual del hogar, Dios no se preocupa por:

* la clase de temperamento que tienes
* cuál es tu manera de pensar
* si en ti predomina tu cerebro izquierdo o tu cerebro derecho
* si eres una persona de pensamiento concreto

Su mandato es que debes asumir el liderazgo espiritual de tu hogar. Decidirte a asumir este rol te ayudará a evitar muchos desastres y conflictos en tu familia.

La esposa, Eva, también encontró una manera de eludir la responsabilidad de lo sucedido:

> Entonces Jehová Dios dijo a la mujer: "¿Qué es lo has hecho?" Y dijo la mujer: "La serpiente me engañó, y comí"
>
> —Génesis 3:13

Hermana, no eches la culpa a tu destino, a tus familiares, a tus vecinos o al diablo. La mujer también debe asumir su responsabilidad y comprender que ha sido llamada a vivir una vida de santidad. Dios la va a hacer responsable de sus actos.

En conclusión, Dios quiere que resistamos, manteniéndonos protegidos y alerta contra las insinuaciones y ataques del enemigo y no ignorando las maquinaciones de Satanás. Y si hay pecado, que asuma cada uno su responsabilidad y se arrepienta: Dios está presto a perdonar.

Capítulo 12

PREPARANDO EL ALTAR PARA EL FUEGO

Nos gusta leer en 1 Reyes 18 cómo el profeta Elías se enfrentó a los sacerdotes de Baal y pidió a Dios que enviara fuego del cielo. Hermano, hermana: el fuego no cae por sí solo en un lugar en medio del desierto, sino en el altar. Debemos preparar el altar de nuestras vidas si deseamos estar listos para que el fuego de Dios caiga sobre nosotros.

Antes de que el fuego cayera para Elías, él soportó un arduo proceso de preparación. Y ¿para qué lo estaba preparando Dios a él? ¡Para cambiar en un día la religión de toda una nación! La tarea de Elías era sacar a los judíos de la adoración pagana de Baal y hacerlos volver a su fe en un solo Dios, Jehová el Señor. En 1 Reyes 17:1 leemos:

Entonces Elías tisbita, que era de los moradores de Galaad, dijo a Acab [el rey]: "Vive Jehová Dios de Israel, en cuya presencia estoy, que no habrá lluvia ni rocío en estos años, sino por mi palabra".

Inmediatamente se inició una sequía en todo Israel, y vino palabra de Dios a Elías:

Apártate dé aquí, y vuélvete al oriente, y escóndete en el arroyo de Querit, que está frente el Jordán. Beberás del arroyo; y yo he mandado a los cuervos que te den allí de comer.

—1 Reyes 17:3, 4

Dios estaba diciendo: "Estoy preparando algo. Estoy preparando a la nación con esta sequía, los voy a quebrantar". ¿Por qué Dios eligió una sequía para quebrar la obstinación de su gente? ¿Por qué no un terremoto o algún otro método? Quizá fue porque Baal era el dios de la lluvia, las cosechas, la prosperidad y la productividad. Con una sequía, él atacaría fuertemente a Baal. Dios parecía decir: "¿Qué clase de dios adoran ustedes si no llueve? ¿Qué clase de dios de la abundancia y la prosperidad es éste, si todos los campos están secos?" Dios preparaba a la nación al enviarle una sequía.

Asegúrate de no maldecir tu sequía, porque algunas veces los tiempos secos son de Dios. Muchas veces El permite dificultades en nuestras familias, iglesias, ciudades y naciones para prepararnos y provocarnos hambre por un avivamiento. Cuando las cosas no funcionan normalmente, cuando hay aflicción, es común que la gente esté más dispuesta a volverse al Señor en busca de solución.

Pasos en el proceso de preparación

Debemos preguntar: ¿Cómo preparó Dios a Elías para convertirlo en el líder de un gran avivamiento en Israel? Primero que nada, le dijo que se ocultara. También le dijo que bebiera del arroyo de Querit y que comiera del alimento que le trajeran los cuervos por la mañana y por la tarde.

Paso 1: Debemos aprender a depender de Dios (aunque sus métodos puedan ser extraños).

Dios no construyó un comedor para Elías. Tampoco le dio un teléfono para que pudiera ordenar pizza. El Señor dijo: "Vas a depender de mí y voy a emplear métodos que desconoces. Voy a utilizar a esos pájaros que llaman "inmundos" —los judíos no consideraban a los cuervos entre los animales limpios. La gente de Israel guardaba distancia de estos pájaros. Pero ésta fue el ave que Dios envió para que llevara pan y carne a Elías.

Puedo imaginarme a Elías sentado al lado del arroyo, preguntándose si los cuervos se iban a presentar ese día. Vinieron, mañana y tarde. Tuvo servicio de comida a domicilio enviado por el Señor.

Paso 2: Debemos estar dispuestos a cambiar

> Y él fue e hizo conforme a la palabra de Jehová; pues se fue y vivió junto al arroyo de Querit, que está frente al Jordán. Y los cuervos le traían pan y carne por la mañana, y pan y carne por la tarde; y bebía del arroyo. Pasados algunos días, se secó el arroyo, porque no había llovido sobre la tierra.
>
> —1 Reyes 17:5–7

¡Cuán difícil es cuando Dios nos envía a un lugar y dice: "irás a ese arroyo, de él beberás agua fresca" Día tras día caminamos al arroyo y nos decimos *Sí, esto es exactamente lo que el Señor dijo que sería.* Pero un día vemos que hay menos agua. Al día siguiente hay todavía menos agua. De repente comprendemos: *¡Este arroyo se está secando!* Finalmente, un día se seca por completo; no queda nada del arroyo.

Qué difíciles son estos cambios para algunos cristianos. Piensan: *Pero Dios me envió para llevar a cabo este ministerio. ¡Dios me habló hace 10 años! Al principio todo iba muy bien, pero ahora todo ha cambiado.* Hermanos, hermanas, ésta es una dura lección para todos nosotros. Primero, debemos aprender a depender de Dios. En segundo lugar, debemos aprender a cambiar, según Dios nos guíe.

Enseño este principio a los pastores: El peor enemigo del avivamiento que está por venir puede ser el avivamiento anterior. Los que estaban felices con el avivamiento anterior generalmente no desean tener nada que ver con lo nuevo que está por venir. Están mirando a Carlos Wesley, Juan Wesley y Carlos Finney y esperan un avivamiento idealizado.

Cuántas veces nos aferramos a las bendiciones pasadas y decimos: "Señor, por favor no me muevas de este lugar. Esta es la forma en que recibí la bendición. Este es mi arroyo".

El Señor está intentando decirnos: "Los envié al arroyo, pero ahora les digo que dejen ese lugar. Hice que se secara para que no dependan más de una mera corriente. ¡Ahora voy a enviar un aguacero nacional! Con el arroyo, sólo a ustedes podía darles suficiente para beber, pero la gente de la nación está muriendo. Quiero moverlos de ese recóndito lugar para que puedan vencer a Baal, y como resultado enviaré un aguacero sobre toda la nación para bendecirla".

El Señor hará lo que haga falta para movernos de la comodidad de nuestras vidas y ministerios y llevarnos a un nuevo lugar. Decimos: "Pero Señor, me estaba portando bien. Trabajaba para ti; tú me pusiste aquí". Y muchas veces no podemos ver que Dios quiere sacarnos de ese antiguo lugar.

Él puede responder: "Sí, te envié allí hace diez años, pero ahora es tiempo de mudarte. Quiero hacer algo nuevo contigo". Hermanos y hermanas, no permitamos que nuestra anterior obediencia sea la enemiga de nuestra obediencia actual.

Elías no tenía muchas posibilidades de permanecer en el arroyo de Querit, porque de hacerlo habría muerto.

¿Cuántos de ustedes, lectores, querrían que el Señor secara el arroyo donde están acampando? Mi oración es: "Señor, seca mi arroyo para que deba seguir dependiendo de ti". Hasta el arroyo puede convertirse en una rutina en nuestras vidas. Estoy seguro de que Elías se acostumbró a beber del agua del arroyo y a esperar que los cuervos le llevaran su alimento, hasta que el Señor dijo: "¡Basta! ¡Estoy haciendo algo nuevo!"

Dios no es estático. Él está activo entre la raza humana. Por su amor, está siempre obrando entre nosotros. Prepárate para el cambio. En los versículos 7–9 vemos los cambios que vinieron:

> Pasados algunos días, se secó el arroyo, porque no había llovido sobre la tierra. Vino luego a él palabra de Jehová, diciendo: "Levántate, vete a Sarepta de Sidón, y mora allí; he aquí yo he dado orden allí a una mujer viuda que te sustente".

Cambie de lugar. Obedezca las instrucciones de Dios.

Paso 3: Ve a los lugares que Dios te diga

Leemos en 1 Reyes 17:9 que el Señor le dijo a Elías que fuera a Sarepta de Sidón. Sarepta quedaba al norte de Israel, pero no estaba en Israel, sino en Fenicia. El Señor dijo: "Voy a utilizarte, te llevaré lejos de donde estás. Voy a sacarte de tu zona de comodidad".

Esto me hace pensar en algunos miembros de nuestra iglesia que están acostumbrados a sus grupos celulares. Están cómodos allí; van a recibir y a encontrar amistades. Se forman fuertes lazos, hasta que un buen día el líder de la célula dice: "Hermano, le pedimos que tome las riendas y comience a dirigir una célula. Al otro lado de la ciudad tenemos un grupo que lo necesita". Algunos contestarían:

"¡No, estoy muy bien aquí! No quiero moverme. Aquí estoy recibiendo y siendo alimentado". Pero alguien había visto la unción de Dios obrando en ese hermano, y su capacidad para ser un líder.

Oh, qué cómodo es permanecer en el mismo rincón donde nos encontramos, escondidos junto al pacífico arroyo. Pero Dios nos está llamando a algo más grande. Hermano, hermana, ¡Dios te llama para servir en su Reino!

El tercer paso en el proceso de preparación es estar en el lugar correcto. Algunas veces tenemos la tentación de cuestionar el sitio al cual Dios nos está enviando. El Señor le dijo a Elías que saliera de Israel y fuera a Fenicia.

Paso 4: Debemos estar dispuestos a depender de otros

Algunos no pasarán la prueba porque no están dispuestos a ir adonde Dios quiere que vayan. ¿Qué habría sucedido si Elías se hubiese negado a ir a Querit? Él pudo haber dicho: "¿Cómo que una viuda me va a alimentar? Dios me alimenta directamente desde los cielos. No voy a depender de una mujer, especialmente de una fenicia que no pertenece a Israel. Es una viuda y no tiene dinero. ¡No!" ¿Cuántos cristianos hacen lo mismo con la voluntad de Dios en sus vidas? Y después se sorprenden porque el fuego no cae y porque la lluvia no comienza.

> *No permitamos que nuestra anterior obediencia sea la enemiga de nuestra obediencia actual.*

Debemos ser dóciles y sensibles a la voluntad de Dios. Muchas veces mi esposa y yo hemos pensado en voz alta: "¿Qué pasaría si nos quedáramos en nuestra congregación local, nos olvidáramos de los viajes internacionales y solo trabajáramos con los líderes, los obreros y los hermanos y hermanas de aquí? Podríamos solucionar éste o aquel problema". Seguramente nos podríamos quedar, pero estaríamos desobedeciendo, y el fuego se iría de nuestras vidas. Entonces pienso: *"Señor, me has llamado a las naciones. Continuaré yendo a las naciones y pastoreando hasta que me digas 'Es suficiente'."*

Debemos tomar con seriedad nuestro servicio al Señor y nuestro compromiso con El. Mi corazón se regocija cuando veo el admirable compromiso de algunos siervos del Señor. El tiempo pasa y ellos siguen sirviendo año tras año. Tienen una estabilidad acrisolada y una consistente fortaleza interna. No abandonan su llamado, ni titubean y mucho menos claudican. Continúan siguiendo al Señor. Así era Elías.

Paso 5: Debemos estar dispuestos a humillarnos y pedir
Leemos más acerca del viaje de Elías en 1 Reyes 17:10:

> Entonces él se levantó y se fue a Sarepta. Y cuando llegó a la puerta de la ciudad, he aquí una mujer viuda que estaba allí recogiendo leña; y él la llamó y le dijo: "Te ruego que me traigas un poco de agua en un vaso, para que beba". Y yendo ella para traérsela, él la volvió a llamar, y le dijo: "Te ruego que me traigas también un bocado de pan en tu mano".

Vemos que Elías se detuvo confiando directamente en los milagros de la mano de Dios. Él se humilló y dijo: "Señora, con todo respeto, estoy aquí en nombre de Dios. ¿Podría, por favor, traerme un poco de agua y pan?" ¡Qué vergüenza! El gran siervo de Dios que estaba a punto de liberar a Israel de la idolatría, le pedía una plato de comida a una viuda que se estaba muriendo de hambre.

¿Cuántas veces ocurre que la pobreza no nos afecta, pero el miedo a la escasez casi nos destruye? Cuánta gente ha caído, no porque no tuviera suficiente para comer, sino porque no entendió el propósito del Señor en su época de escasez. Si tan solo hubieran continuado siguiendo a Dios, hubiesen podido sobrellevar y superar esa situación. De una u otra manera, él les habría provisto todo lo que necesitaran.

El terror y la vergüenza que sobrevienen por no entender el modo en que Dios obra pueden causar que muchos pierdan el ánimo y se den por vencidos. No comprenden que a veces debemos pasar tribulaciones, pruebas y luchas. Terminan diciéndose a sí mismos: *Voy a cambiar a otra religión. Voy a buscar otro lugar. No tengo suficiente comida; no tengo bastante agua. Dejo todo.* Caminar con Dios es una empresa de fe. Si vamos a seguir adelante, para no perder nuestro fuego y nuestra bendición debemos caminar por fe.

No se trataba de que a la mujer no le alcanzaran las monedas para pagar el viaje en autobús, o el dinero para llenar el tanque de gasolina de su camioneta. Su dificultad era mucho más seria: ella estaba en una región que comenzaba a morir de hambre; la lluvia había dejado de caer.

En medio del desastre, aquí estaba el siervo de Dios pidiéndole un poco de agua y alimento (de los cuales le quedaba muy poco). Algunas veces Dios quiere que dependamos directamente de El, y en otras ocasiones, de circunstancias especiales que El organiza. Quizá usted no sepa de dónde vendrá su próxima comida o su próximo tanque de nafta. Hasta se puede estar preguntando: *¿Qué voy a hacer con mis finanzas? ¿Cómo voy a llegar a fin de mes con lo que tengo?* Dependa del Señor y de lo que El puede darle. Quizá le dé otro empleo. Tal vez lo ayude de otra manera. Puede ser que envíe a alguien que se cruce en su camino y le diga: "Tome, esto es para usted".

Dios está haciendo una obra nueva. Él desea usarnos, pero tenemos que ser sensibles a su presencia y hacer lo que Él dice. Elías no dijo: "Ahora que no tengo dinero, voy a ir a tal y tal iglesia a pedirles plata". ¡No! El Señor le dijo: "Pídele a esa viuda; ésa es la mujer que te va dar lo que necesitas". Cuando Elías le pidió a la viuda que le diera un poco de pan, ella respondió:

> "Vive Jehová tu Dios que no tengo pan cocido; solamente un puñado de harina tengo en la tinaja, y un poco de aceite en una vasija; y ahora recogía dos leños, para entrar y prepararlo para mí y para mi hijo, para que lo comamos, y nos dejemos morir".
>
> —1 Reyes 17:12

¡Qué situación la de ella! Le dijo: "Estimado señor Profeta, quiero hacerle saber que éste es mi último bocado con mi hijo; luego de esto moriremos de hambre. Todo lo que me queda es un puñado de harina. Estoy haciendo el último esfuerzo, usando las últimas fuerzas que me quedan. El desastre es inminente". Vea cómo le respondió el profeta:

> Elías le dijo: "No tengas temor; ve y haz como has dicho; pero hazme a mí primero una pequeña torta cocida debajo de la ceniza, y tráemela; y después harás para ti y para tu hijo. Porque Jehová Dios de Israel ha dicho así: 'La harina de la tinaja no escaseará, ni el aceite de la vasija disminuirá, hasta el día en que Jehová haga llover sobre la faz de la tierra' "
>
> —1 Reyes 17:13, 14

Si usted es un pastor, sé cuán difícil es tomar una ofrenda cuando la gente está en apuros financieros. Quizás a veces usted ha estado ahí, parado sobre la tristeza y el dolor, con deseos de decir: "¿Cómo podemos seguir adelante con este trabajo que el Señor nos ha dado? ¿Cómo podemos tan siquiera tener confianza en que nuestras necesidades serán satisfechas?" Qué fácil es darse por vencido y abandonar la fe cuando las cosas parecen económicamente imposibles.

Paso 6: Lucha contra la desesperación y usa tu autoridad para los milagros

El verso 12 nos dice que la mujer había llegado al final y se preparaba para morir. Cuando usted sale al ministerio y comienza a hablarle a alguien sobre el amor de Dios, puede que le digan: "Sí, pero tengo una enfermedad terminal". Uno siente como si el corazón se le cayera a los pies, y se pregunta: *¿Cómo le voy a hablar a esta persona?*

Debemos sacar fuerzas de flaqueza. Necesitamos pedirle a Dios que nos dé su fuerza, porque el evangelio no es temporal sino eterno, y puede cambiar completamente el futuro de una persona para toda la eternidad. ¡Tenga el valor de orar y pedir sanidad! Tenemos muchos testimonios increíbles de curaciones en nuestra congregación. ¡Dios todavía sana hoy!

Cuando salgas a ministrar, espera milagros. Cuando toques a la puerta de tu vecino para compartir con él o para invitarlo a tu iglesia, espera un milagro. Cuenta con que la gente será tocada por el poder del Espíritu Santo. Si vas a servir al Señor, tendrás que luchar contra la desesperanza. Aquellos que escogen no servir no tendrán que luchar contra esto; pero los que van a servir a Jesucristo tendrán que luchar contra la desolación que existe en el mundo. Ten cuidado de que la desolación y la desesperación no llenen tu corazón.

Si dejas que la congoja llene tu corazón, un día irás a tu congregación y les dirás: "Estamos mal. ¿Para qué continuar así?" El creyente, el predicador, el adorador y el intercesor tendrán que luchar contra el ataque demoníaco de la desesperación, porque el mundo está sin esperanza. ¿Estás dispuesto a hacerle frente?

Note que la viuda le dice a Elías: "Lo siento, no puedo darle comida porque estoy a punto de morir. ¿Cómo es posible que me esté pidiendo de comer?" Pero también note que Elías no dice: "Oh, discúlpeme. Perdóneme por haberle pedido. Voy a tocar otra puerta a ver si me dan un poco de comida". Él le dijo: "No temas" (1 Reyes 17:13). Necesitamos siervos del Señor que se levanten con autoridad y les digan a los desesperados: "No tengan miedo".

Elías tuvo una oportunidad de sofocar lo milagroso y quedarse con la depresión, la decepción y la frustración. Una actitud de frustración pudo haber paralizado su capacidad de realizar milagros. Pero su espíritu dócil le ayudó a cooperar con el plan de Dios en vez de resistirlo.

> *Una actitud de frustración pudo haber paralizado su capacidad de realizar milagros.*

Dios te está preparando para grandes cosas. ¿Estás dispuesto a ser dócil y enseñable? ¿Estás dispuesto a renunciar a tu independencia y a sujetarte al Cuerpo de Cristo como nunca antes?

Paso 7: Rechaza la autoconmiseración y el fatalismo

Después de estas cosas aconteció que cayó enfermo el hijo del ama de la casa; y la enfermedad fue tan grave que no quedó en él aliento.

1 Reyes 17:17

El Señor ya había hecho un milagro con esta viuda, proveyendo cada día el alimento para Elías y para la mujer y su familia. Elías probablemente se sentía aliviado por esa victoria. Pero antes de que pudiera celebrar, este experimentado profeta ya tenía otra crisis entre manos. Después de la provisión milagrosa de Dios en esa época de hambre, el hijo de la viuda cayó enfermo. La enfermedad fue tan seria que él dejó de respirar.

Algunas personas toleran la primera pruebas. Pero cuando se enfrentan a la segunda se derrumban. Su teología de perpetua prosperidad y éxito no deja lugar para las temporadas de continuas pruebas. Pero Elías fue entrenado de manera distinta: sus pruebas fueron dolorosas, pero no destruyeron su ministerio.

Lea el versículo 18. Eso también es parte de la preparación que Dios tiene para quienes van a hacer grandes cosas para El:

> Y dijo a Elías: "¿Que tengo yo contigo, varón de Dios? Has venido a mí para traer a memoria mis iniquidades, y para hacer morir a mi hijo?"

Esto es muy difícil. ¿Cuántos líderes de grupos celulares, pastores o padres habrían deseado salir corriendo en una situación como ésta? La mujer le decía a Elías que creía que él había venido a causarle desgracia. Ten cuidado con tu corazón, tus emociones y tus afectos. Antes de que venga un gran avivamiento, el diablo vendrá a ver si puede destruirnos emocionalmente.

Durante las crisis recurrentes, he escuchado a pastores concluir: "Mi iglesia ya no me necesita. De hecho, esta gente estaría mejor sin mí y mi predicación". Si Elías no hubiera estado preparado, quizás habría huido de la situación. Pudo haber dicho: "Señor, no puedo servirte más. Esto es lo último que podía pasar. Me enviaste a la gente pobre. Has hecho que una nación entera sufra hambre. Y ahora vengo a este hogar y parece que les he traído mala suerte. ¡El niño ha muerto!"

Te pregunto sinceramente: ¿Estás preparado para pagar el precio? ¿Estás listo para mantenerte firme, incluso cuando todo a tu alrededor se cae en pedazos? ¿Tienes la clase de fe que puede perseverar?

> El le dijo: "Dame acá tu hijo". Entonces él lo tomó de su regazo, y lo llevó al aposento donde él estaba, y lo puso sobre su cama.
>
> Y clamando a Jehová, dijo: "Jehová Dios mío, ¿aun a la viuda en cuya casa estoy hospedado has afligido, haciéndole morir su hijo?"
>
> Y se tendió sobre el niño tres veces, y clamó a Jehová y dijo: "Jehová Dios mío, te ruego que hagas volver el alma de este niño a él".
>
> Y Jehová oyó la voz de Elías, y el alma del niño volvió a él, y revivió.
>
> Tomando luego Elías al niño, lo trajo del aposento a la casa, y lo dio a su madre, y le dijo Elías: "Mira, tu hijo vive".
>
> Entonces la mujer dijo a Elías: "Ahora conozco que tú eres varón de Dios, y que la palabra de Jehová es verdad en tu boca"
>
> —1 Reyes 17:19–24

Note que Elías expresó su miseria personal ante el Señor, no delante de la mujer. ¿Por qué permitió Dios que sucedieran todas estas cosas? Creo que era porque quería que Elías dependiera completamente de El, y que la viuda dijera "la Palabra de Jehová es verdad en tu boca". ¿Puedes apreciar cómo Elías va creciendo gradualmente en fe y en carácter?

En este punto de la historia, el profeta Elías fue ante el malvado rey Acab. Elías llamó a todo el pueblo a asamblea y preparó el altar; entonces el fuego de Dios cayó. Israel se volvió a Dios y, en un día, la religión de la nación entera cambió. Dios destruyó a todos los profetas de Baal, y entonces la lluvia comenzó a caer.

¿Quieres un avivamiento?

Lector, ¿deseas un avivamiento en tu nación? Dios quiere usarte. Desconozco en qué parte de este proceso de preparación te encuentras. Quizás estás resistiendo los cambios. Puedes hallarte en un punto en que hayas escogido depender plenamente de Dios y no de tus hermanos y hermanas en Cristo. Tal vez prefieres no pedir consejos ni participar en ningún grupo de camaradería. Quizás estás luchando contra la desesperación y el desastre entre los miembros de la familia.

No importa cuáles sean tus luchas, Jesús está cerca y puede darte fuerzas. Él te está preparando, a ti y a cualquiera que permanezca en su ejército. Los que dicen: "Cuenta conmigo, Señor", son los que Él va a utilizar en el avivamiento de los tiempos finales. ¿Estás dispuesto? ¿Quieres ser usado?

Oro porque la misma fuerza que el Señor me ha dado pueda fluir también en tu vida. El estado de vida normal es ser infiel, pero cuando el fuego del Espíritu Santo cae sobre la vida de un siervo, Dios le da fuerza para seguir adelante. Es como un aceite que nunca se acaba; sino que continúa multiplicándose. Sigue la guía del Señor. Si Él te dice que cambies de lugar, cambia. Si él te dice que vayas, entonces ve. ¡Cuán hermoso es seguir los caminos del Señor! No puede compararse con nada.

Pido al Señor que selle estas palabras en tu corazón. También que remueva la angustia de muerte con la cual luchan algunos de ustedes, incluso mientras leen este libro. Oro porque el Señor deshaga ese llanto y la pena interna que a gritos dice: "Señor, me estás fallando". Créeme, hermano, hermana: ¡el Señor nunca te falla y nunca llega tarde!

Dios te está preparando. Él desea poner dentro de ti una resistencia que nunca antes has conocido. Quizás algunos de ustedes han empezado y dejado inconclusas docenas de cosas en su vida. Ahora mismo, Dios desea hacerte fiel, fuerte y firme hasta el último día de tu vida. Oro porque continúes caminando de esta manera gloriosa hasta el día en que el Señor Jesús nos venga a buscar.

Si quieres preparar el altar para recibir el fuego de Dios, eleva esta oración en voz alta y con fe:

Señor, quita de mí la superficialidad. No tengo disculpa por cada falta de compromiso contigo. Padre, quiero afirmarme en ti como nunca antes lo hice en mi vida. Señor, ayúdame, de modo que cuando me pidas que vaya al oeste del Jordán, vaya al oeste del Jordán. Cuando me pidas que cambie de lugar, cambiaré de lugar. Ayúdame a ir a adonde tú quieres que vaya. Padre, te pido que me hagas dócil y obediente a tu palabra y a tu voluntad por siempre. Amén.

Capítulo 13

MANTÉN EL FUEGO ARDIENDO

Algo característico de los argentinos es comer buenas carnes asadas a la parrilla. El *asado* —carne cocida al aire libre— es uno de los fenómenos sociales más comunes en la Argentina. El primer encuentro transcultural entre Kathy y yo sucedió en nuestra luna de miel: habíamos elegido pasar nuestra primera semana juntos en una cabaña en el Parque Nacional de Yosemite, y una tarde decidimos cocinar nuestra cena al aire libre.

Comencé a juntar la madera, eligiendo la leña que arde mejor, incluso algunas piñas de pino para ayudar a hacer brasas. Kathy se sentó cerca, observándome con los ojos bien abiertos mientras yo acomodaba una pila de cosas que serían necesarias para cocinar nuestra primera comida campestre como marido y esposa. Creo que nunca antes ella había visto cocinar asado con un fuego que no estuviera hecho con carbón de leña y no se encendiera con fluido.

Puede imaginar cuán intenso era mi deseo de hacer que el fuego ardiera bien, así podríamos cocinar nuestra cena y mi esposa quedaría impresionada con la destreza de su esposo. Después de acomodar todo adecuadamente, en poco tiempo el fuego comenzó a chisporrotear. Aún hoy es para mí un desafío personal preparar bien el fuego para nuestras comidas al aire libre.

¡FUEGO, ARDE VIVAMENTE!

Una vez que el fuego comienza, suelo decir: "Bien, ésa era la parte más difícil; ahora me puedo relajar". Pero seguramente que si me alejo por unos minutos el fuego tenderá a reducir su intensidad. También es así con el fuego santo de Dios: si no cuidamos esa llama preciosa, se puede debilitar. A continuación menciono algunos principios que le ayudarán a mantener el fuego de santidad ardiendo en su vida.

Cree que el Señor te ha llamado a ser absolutamente puro

Si no cree en el llamado a la pureza, el peligro vendrá por ese lado. Satanás lo persuadirá para que crea que un 1 ó 2% de pecado es aceptable. Dirá: "Después de todo, estás en el planeta tierra; no puede esperarse que vivas santamente". Si le das lugar, el diablo te engañará.

Ruego que el Señor te dé hoy convicción y que tu mente sea renovada. Oro que a partir de este día hasta que Jesús regrese, declares la guerra a toda clase de mal. Deberás convertirte en un enemigo mortal del pecado, y combatirlo en todos los aspectos.

Algunos se asustan con esto. Se dicen: "He oído a gente que predicaba contra la inmoralidad, y terminó cayendo en ella". Tristemente, en parte esto es verdad y usted podría pensar que quienes hablan demasiado sobre la santidad caerán en pecado. Pero debe saber que muchos de los que han caído fueron redimidos otra vez y que muchos de los que predicaron contra la inmoralidad nunca cayeron. ¿Recuerda a Moisés? ¿Elías? ¿Eliseo? ¿Daniel? ¿Jeremías? Predicaron fervientemente contra el pecado y la idolatría, y aunque pudieron haber tropezado se mantuvieron fieles. La palabra de Dios es nuestro ejemplo; no tenemos a la experiencia como regla. ¿Cómo podría nuestra experiencia darnos la respuesta correcta si hemos estado en el camino equivocado, con una comprensión incorrecta de las cosas? Eso es como darle las llaves de nuestro coche a un ladrón de autos y pedirle que lo vigile mientras vamos de compras. Una mala experiencia, como un ladrón de autos, no puede ser confiable.

¿Crees en los principios de la palabra de Dios? ¿Estás seguro de que Jesús vino de verdad a la tierra, que su cuerpo no fue hecho de plástico, que él era real? ¿Crees que soportó la tentación y el hambre pero jamás, bajo ninguna circunstancia, le dijo sí al pecado? Si es así estás siguiendo el camino correcto. Cuando fue tentado por el enemigo, Jesús dijo: "Satanás, escrito está". El luchó contra el pecado y el mal con la palabra de Dios (véase Lucas 4). Tú puedes hacer lo mismo. ¡Hemos sido *llamados* a hacer *lo mismo!*

Cristiano significa "pequeño Cristo", seguidor de Cristo, imitador de Jesucristo. Esto debe quedar muy claramente establecido en nuestros corazones y mentes: hemos sido llamados a la pureza absoluta, tal como nuestro modelo, Cristo.

> Y el mismo Dios de paz os santifique por completo; y todo vuestro ser, espíritu, alma y cuerpo, sea guardado irreprensible para la venida de nuestro Señor Jesucristo.
>
> —1 Tesalonicenses 5:23

Este versículo habla del poder de la santificación completa y total. Nuestra santificación debe ser total, desde la cabeza hasta los dedos de los pies. Cada célula de nuestro cuerpo debe ser santificada por la Palabra de Dios. Cada pensamiento y acción deben ser purificados por Jesús. Algunos dicen: "Pastor, quisiera poder hacer esto, pero soy débil, tímido y tengo dudas". Pero:

Fiel es que os llama, el cual también lo hará.

1 Tesalonicenses 5:24

Las exigencias de Dios no se han reducido en este siglo. Dios demanda que cada de nosotros viva en pureza absoluta. Tú lo puedes llamar orgullo, exceso, extravagancia; pero la Biblia dice: "Y todo vuestro ser, espíritu, alma y cuerpo sea guardado irreprensible" (1 Tesalonicenses 5:23). Cuando venga Jesús, toda la Iglesia deberá ser pura, y estar esperándolo con gran expectación.

Para mantener la humildad, alguna gente deja un poco de pecado en sus vidas porque no desean ser "excesivamente santos", "demasiado puros", etc. Déjame hacerte una pregunta: ¿Puede un ser humano ser demasiado puro ante el Dios santo? ¿Crees que Dios diría: "No vengas ni ores así; eres demasiado limpio. Ve si puedes conseguir algo de inmundicia para que parezcas más humano, y después regresa"? Dios todopoderoso nos ama y desea que seamos totalmente puros.

¿Cómo nos santificamos? El que nos llama es fiel, y lo hará a través de nosotros. Es el poder del Espíritu Santo el que nos hace santos.

Continúa Dando a Otros el Fuego de Dios

Si has recibido el bautismo de fuego y te quedas en tu casa sin hacer nada con él, lo perderás muy rápidamente. ¿Por qué el Mar Muerto se llama así? Porque toma agua de diversos ríos y corrientes, pero no tiene ninguna salida. El agua se disipa solamente por la evaporación, así que el mar (que técnicamente es un lago muy grande) acumula sal: hay tanta sal que los peces no pueden vivir allí, y ningún árbol puede crecer en sus riberas.

Algunos cristianos son como el Mar Muerto. Van a las mejores conferencias y reciben y reciben y la sal se acumula. Pero en vez de ser la "sal de la tierra" (Mateo 5:13), son la sal de sí mismos y la siguen acumulando—más libros, más casetes, más videos, más conocimiento. Aumentan y crecen pero no van mas allá. Carlos Annacondia, el evangelista argentino, lo dijo tan bien: "Si deseamos mantener la unción, tenemos que seguir dándola". Cada persona en el cuerpo de Cristo es un ministro. Todos estamos llamados a ser gente especial de Dios, ministros y siervos del Dios todopoderoso.

Comprende que la santidad no es un fin en sí misma

Mi amigo y mentor Ed Silvoso nos dice por qué no tiene sentido perseguir la santidad como fin último: "Si lo único que Dios quiere para nosotros es que seamos santos, entonces es mejor que caigamos muertos ahora y vayamos al cielo con El: ¡ahí vamos a ser más santos que en cualquier otra parte!" Pero la meta no sólo es ser santo, sino ser una nación santa, un pueblo elegido con un propósito. Somos gente especial; hemos sido apartados para *declarar* las virtudes de Aquel que nos sacó de las tinieblas (vea 1 Pedro 2:9).

En la teología de la santidad encontramos dos aspectos claves: estar separado *del* mundo y ser separado *para* servir a Dios. La separación debe venir acompañada por una dedicación a servir.

La vida victoriosa de un cristiano no se limita a vivir a la defensiva, sino que incluye estar armado y listo para avanzar. No podemos ganar un juego de baloncesto simplemente quedándonos cerca del aro para protegerlo. Con esa táctica, lo mejor que podríamos esperar es lograr un empate en 0-0.

Para ganar el juego tenemos que correr al otro extremo de la cancha y marcar los tantos.

El bautismo de fuego es para cumplir la Gran Comisión

Cada cristiano ha oído que el mandato de la Gran Comisión es "ir por todo el mundo y predicar las buenas noticias a toda criatura" (Marcos 16:15). Nada nos ayudará a cumplir la Gran Comisión más rápidamente que recibir el bautismo de fuego: este bautismo restaura nuestra pasión por Dios y por las almas perdidas. Los que consiguen librarse de sus pecados y reciben el bautismo del Espíritu Santo y fuego estarán preparados para permitirle que El haga su obra en sus vidas.

Un avivamiento centrado en la Gran Comisión será una bendición que a su vez traerá el mensaje de Jesucristo al mundo. El pasaje de las Escrituras que es conocido como el más grande mandamiento dice: (1) Amarás al Señor tu Dios sobre todas las cosas, y (2) Amarás a tu prójimo como a ti mismo (véase Mateo 22:36–40). Cuanto más amamos a nuestro prójimo y cuanto más oramos por él, mayor será el fuego que arderá en nuestras vidas.

El fuego que recibí pudo haberse desvanecido en unos días. Pero el Señor abrió las puertas y surgieron oportunidades de compartir este fuego, así que las aprovechamos. Siempre que tenemos la ocasión, mi esposa Kathy y yo caminamos a través de esas puertas y ministramos a todos cuantos podemos.

Practica el evangelismo personal

Qué hermoso es cuando estás sentando en un autobús, un tren o un avión y Dios interrumpe tu agenda. Te estás preparando para tomar una siesta y te dices: *Estoy tan cansado; realmente merezco este descanso*. Pero entonces el

166

Espíritu Santo te dice que debes hablarle a la persona que está a tu lado. Puede que digas: *Señor, ¿puedo hablarle después de mi siesta?* Pero sientes el amor de Cristo fluyendo en tu corazón: no es sólo un mandato. Si estás buscando oportunidades y te sientes un poco tímido, puedes orar: *Señor, haz que esta persona me pregunte de qué religión soy, o algo así.* Finalmente sucede algo, el Señor te da la oportunidad y comienzas a hablar.

Como compartí anteriormente, en nuestro ministerio mucha gente ha recibido a Cristo en aviones y taxis. En la Argentina los taxis son un medio de transporte común, y relativamente barato (¡al menos a la hora de escribir este libro!). A veces me digo: *No voy a testificarle a este taxista porque necesito descansar durante este corto viaje a la oficina.* Y entonces el amor del Señor comienza a fluir. Él ama a la gente más de lo que nosotros jamás seremos capaces de amarla; y antes de darme cuenta, en dos minutos estoy envuelto en una gran conversación sobre Jesucristo. Recuerdo a un joven conductor de taxi que me llevaba a casa: cuando llegamos, apagó el motor (¡algo muy raro en un taxista!) y ahí mismo, en la calle, me preguntó si podía orar por él. ¡Recibió a Jesús sentado en su taxi!

> *Sigue dando a otros el fuego y las bendiciones que recibes.*

Hace unos años, el Señor me mostró que no le había testificado a determinado vecino, hasta que dije: "Tengo que ministrarlo". Llamé a su puerta y contestó una señora. Le dije: "¿Sabe lo que el Señor ha hecho en mi vida? El poder de Dios vino sobre mí y comencé a temblar bajo su unción maravillosa". Tú y yo sabemos que los no creyentes no entienden estas cosas.

Sin embargo ella dijo: "Entre por favor. Necesito oír eso". Dijo a sus hijas: "Apaguen el televisor. Debemos oír esto". Le testifiqué durante casi una hora, y entregó su vida a Cristo allí mismo en su sala.

Aunque trabajes en el ministerio a tiempo completo, no dejes que eso te prive del gozo de traer, una a una, las almas a Jesucristo. Conozco algunos líderes que me dicen: "No tengo tiempo para testificar uno a uno. Sólo utilizaré mi tiempo para hablar en conferencias". El Señor desea romper con este tipo de profesionalismo y recordarnos que necesitamos ser guiados por el Espíritu en cada momento. Siga dando el fuego y las bendiciones que ha recibido.

Mantén tu pasión centrada en Dios: no idealices métodos

Uno de esos días de mayo de 1997, cuando el Señor me tenía en su presencia, comenzó a decir a mi corazón que estaba haciendo ídolos de mis métodos. Luego me envió para hablar a algunos pastores sobre el crecimiento de la iglesia y cómo debemos tener cuidado de no abusar de eso. Tenía miedo de hablar a esos pastores sobre este tema, porque disfruto al estudiar el iglecrecimiento; pero el Señor me mostró que algunos ministros idealizan el crecimiento de la iglesia a punto tal que se convierte en una obsesión y en una pasión. (Utilizo "idealizar" con el significado de "admirar excesivamente").

Arrodillado, grité y le dije: "Oh mi Dios, muchos de nosotros estamos mirando hacia Corea del Sur y el gran crecimiento de la Iglesia que han experimentado. ¿Cómo puedo ir a estos líderes a decirles que tengan cuidado con hacer un ídolo del crecimiento de la iglesia?"

¿Sabe lo que el Señor dijo a mi corazón? Expresó: "Hijo mío, lo que hice en Corea no se puede comparar con la magnitud de lo que voy a hacer en el mundo en los años que se aproximan". No idealicemos el pasado.

Debemos creer no solamente en lo que Dios ha hecho en el pasado, sino también en lo que está a punto de hacer en el futuro. Dios desea que el conocimiento de su gloria cubra la tierra como las aguas cubren el mar.

La intervención divina vale más que los métodos humanos

Algunos pueden estar pensando: *Mi iglesia se ha duplicado sin haber experimentado jamás el bautismo de fuego.* Pero ¿puedes imaginar qué le sucedería a t iglesia si también recibiera el bautismo de fuego? Por favor, mi amigo, ¡no vendas tu primogenitura espiritual por un plato de lentejas! No cambies este fuego por un crecimiento agradable y constante. Busca ambos, pero debes saber que el verdadero bautismo de fuego genera verdadero crecimiento. Da prioridad a buscar la presencia del Espíritu Santo.

El crecimiento normal de la Iglesia ocurre cuando compartimos el evangelio con los perdidos a nuestro alrededor. Es maravilloso y bíblico. Es la ley de Dios y debemos continuar haciéndolo. Pero hay también un crecimiento sobrenatural, milagroso y explosivo, que ocurre cuando el Espíritu Santo y el fuego descienden sobre una nación. No es un método sino un movimiento. Sus vecinos comenzarán a decirse unos a otros: "¿Has visto lo que está haciendo Dios con esos cristianos?"

No renuncies a tus sueños espirituales

¿Cuántos de nosotros hemos soñado durante años con el día en que el mover de Dios será tan grande que tendremos que detenernos a admirar maravillados su glorioso trabajo? No importa qué clase de barreras o de faltas hayas tenido en el pasado, tampoco si sientes timidez o miedo: ¡debes ir a la Fuente y recibir ese fuego y esa autoridad!

Si vas a buscar el fuego, necesitarás ser como Jacob cuando tomó los pies del ángel del Señor y dijo: "No te dejaré si no me bendices" (Génesis 32:26). Debes decirle al Señor: "Estoy cansado de trabajar en mis propias fuerzas. Quiero la fuerza de tu Espíritu. Quiero caminar en el Espíritu, estar lleno del Espíritu y del fuego y tener la mente de Jesús. ¡Señor, cambia mi ministerio!" ¡Él lo hará!

Cuida en extremo la santidad

Algunos quizás no luchan con la tentación sexual, pero aquellos de nosotros que somos muy humanos debemos tener mucho cuidado. A menudo después de una larga y maravillosa reunión, regreso exhausto a la habitación del hotel. Estoy físicamente débil, y sé que no soy un buen combatiente cuando estoy muy cansado. Muchos pueden identificarse: somos humanos. De este lado del cielo, seremos vulnerables; nuestra fuerza es limitada.

Por causa de esta debilidad humana, el Señor me ha ayudado a desarrollar un hábito que ha sido una gran ayuda para mí. No importa en qué lugar del mundo esté, lo primero que hago cuando entro a mi cuarto de hotel es dejar mi equipaje, cerrar la puerta, arrodillarme y pedirle a Dios que tome control de ese sitio. Le pido perdón por cualquier fornicación, adulterio, pornografía u otro pecado que haya sido cometido en esa habitación antes de mi llegada. Después me paro y ordeno a los demonios que tenían derecho legal a permanecer allí que se vayan, y ese cuarto se convierte en morada de Dios durante mi estada.

Tomo una toalla grande, o a veces una de las frazadas, y cubro el televisor. Como usualmente llevo dos Biblias, una en español y otra en inglés, abro una y lo coloco sobre el televisor, que se convierte en el podio sobre el cual preparo mis mensajes. La Biblia dice: "Huid de la fornicación"

(1 Corintios 6:18). Ésta es una forma de evitarla: rehuso ver televisión mientras participo de una conferencia.

Cuando comencé a poner una toalla sobre el televisor en los cuartos de hotel, me sentí bien; pensé: *Esta es una batalla menos que tendré que pelear.* Algunos dirán: "¿Por qué hace eso? ¿Que tiene de malo la televisión?" No estoy diciendo que haya algo malo en la televisión, pero sí hay algo malo en la inmoralidad, el materialismo y el ocultismo que abundan en ese medio. Cuando estoy exhausto me cuesta dominar el control remoto. No confío mucho en mí mismo, confío en el Señor y El me dice que huya de las pasiones juveniles (véase 2 Timoteo 2:22), así que permanezco alejado de la televisión cuando estoy solo. Hermano, permíteme desafiarte: lucha contra la inmoralidad con todo lo que tengas; el Señor hará el resto.

Cerciórate de limpiar tu casa de cualquier cosa malvada. El Señor nos dice que extrememos los cuidados para no caer en pecado. Algunos tienen dificultad para controlar los canales de cable de su televisor. Quizá tengas la bendición de contar con muchos buenos canales, pero cuando estás solo no controlas lo que miras. Te dices a tí mismo: *No voy a ver esto nunca más.* Pero cuando estás solo lo vuelves a mirar, y vuelves a sentirte tan culpable y sucio — estoy hablando de programas malignos, no de los programas buenos.

Quisiera compartirte mi paráfrasis de Mateo 5:29: Si el cable te está dando una oportunidad para que caigas, desenchufa la televisión y cancela el servicio. ¡Es mejor ir al cielo sin el cable que ir al infierno con un equipo de entretenimiento completo!

Desarrolla nuevos hábitos devocionales

Debemos cambiar nuestros hábitos. Algunos expertos dicen que toma 16 días cambiar un hábito. Algunos tendrán que trabajar por lo menos 16 días consecutivos hasta que su carne capte el mensaje. Debes comprometerte a que, en su poder, vas a perseguir la rectitud, pureza y santidad ¡y que realmente te lo propondrás! Hasta que nuestras mentes se renuevan, el viejo odre permanece. Job 31:1 dice "Hice pacto con mis ojos; ¿cómo, pues, había yo de mirar a una virgen?" Debemos hacer lo mismo.

Predicadores, maestros, evangelistas, hermanos y hermanas (esto va particularmente dirigido a los hombres, aunque puede aplicarse a las mujeres), hoy tenemos que hacer un pacto con nuestros ojos. Es preciso que les digamos a nuestros ojos: "Nunca mirarás a una mujer con lascivia". Si la persona que estás mirando es mucho más joven, trátala como si fuera tu hija y ora por ella como un padre. Si ella no es cristiana, ora por su salvación. Si es una mujer de tu edad, trátala como a una hermana y con pureza absoluta. Si crees que no puedes cumplir este propósito sin ayuda, encuentra a un compañero responsable que ore por ti y que te apoye.

Como dije antes, nadie pensaría en comprar una botella de agua cuya etiqueta dijera: "98% Agua de manantial y 2% agua de alcantarilla". Tú no dirás: *¡Oh, qué bien! Es casi pura; creo que me la tomaré.* De la misma manera, el Señor desea y exige de nosotros el 100% de santidad. Recuerda: ¡el 98% no es suficiente!

Huye de la inmoralidad

Cuando estás huyendo de algo o de alguien, no luces muy dignamente. Cierta vez, mientras esperaba un vuelo, una sonriente mujer venía hacia mí para hablarme. Mientras se acercaba decidí que le iba a hablar de Cristo, pero algo estaba pasando. Mientras ella caminaba hacia mí, el Espíritu Santo comenzó a advertirme: "Yo no te envié a esta joven señora".

El temor de Dios vino sobre mí; quizá el "terror" sería la palabra exacta. Pensé: *Señor, no deseo convertirme en otra desgracia en tu reino.* Así pues, cuando se aproximó me di vuelta y literalmente huí en dirección opuesta. Probablemente ella pensó: *¿Qué le pasa a este individuo?* En realidad no me importa lo que ella pensó. Sentía que huía de algo que pudo haberme conducido a una situación comprometedora (véase Génesis 19:17; Isaías 48:20; Jeremías 51:6; 1 Corintios 6:18; 1 Timoteo 6:11; 2 Timoteo 2:22).

Escapa de la inmoralidad, como hizo José. José el patriarca había determinado que no cometería adulterio con la esposa de Potifar; ella entonces lo acusó falsamente, y él perdió su trabajo (véase Génesis 39). Algunos pueden llegar a perder sus trabajos por caminar rectamente con el Señor. Se pueden perder algunas riquezas terrenales cuando uno rehusa mentir y obedecer al diablo. Pero no te preocupes: el Señor te compensará porque El es fiel.

¿Sabías que puedes ser soltero y puro a la vez? El Señor te dará la fuerza. Cuando el Espíritu Santo viene sobre ti, te hace muy fuerte. Tú sabrás: *Soy débil, pero el Espíritu Santo es fuerte en mí.* El matrimonio no cura el vicio de la lascivia; sólo la sangre de Jesús lo cura. Pero debes tener un corazón totalmente dispuesto hacia la pureza.

Acércate a la gente ungida

Nos hemos cuidado tanto de no idolatrar a la gente, que a veces no estamos dispuestos a recibir todo lo que tienen para darnos. Si conoces a un hermano o a una hermana de tu iglesia que está ardiendo con el fuego de Dios, acércate a esa persona. Hazte amigo de los amigos del Novio. Los amigos del Esposo tienen lámparas llenas de aceite y están listos en el momento preciso. Recibe de esta gente y renuévate a través de ella.

¡Es tan poderoso cuando los hijos de Dios estrechan lazos para ayudarse y sostenerse! Si te permites ser vulnerable y aprender de El y de los demás, el Señor bendecirá tu vida y tu unción aumentará. No la perderás. Cuándo pienses que la estás perdiendo, vendrá uno de tus amigos, dirigido por el Espíritu Santo, y dirá: "¿Cómo te va? Oremos juntos".

Si deseas caminar en su pureza, toma un momento y repite ahora mismo esta oración:

Dios, perdóname por alejarme de la enseñanza de la santidad. Cambia mi pensamiento. Ayúdame a creer que Jesús murió por mi santificación. Señor, declaro que puedo ser puro, porque Jesús me ha proporcionado la santificación. Señor, recibo el regalo de la pureza, en cada área de mi vida.

El Señor está poniendo una marca en tu corazón. Con el poder del Espíritu Santo, El está sellando el concepto de que tú y yo podremos caminar en pureza absoluta el resto de nuestras vidas. Algunas personas dicen: "Pastor, ¿qué sucede si oro hoy y mañana vuelvo a caer en pecado?" Arrodíllate dondequiera que estés y di: "Dios, perdóname y purifícame". Si tienes que hacerlo cien veces al día, hazlo cien veces al día. El Señor te purificará de tu pecado. Él te dará la victoria y un ministerio colmado de su poder.

Algunos pueden tener serias dudas sobre si estabas o no destinado por Dios a tener este fuego. Quizá pienses: "Bueno, yo no nací en un lugar donde hay un avivamiento, así que tal vez no reciba el fuego". El Señor siempre dirá que sí a los que deseen el Espíritu Santo y el fuego. Hermano, hermana, lo que tengo deseo dártelo. Aun mientras escribo estas palabras, oro porque el bautismo de fuego que he recibido recaiga sobre ti.

Junto con ese fuego viene la responsabilidad de servir a Dios en nuestra ciudad. ¿Estás listo? ¿Estás dispuesto? Por favor repite esta oración:

> *Señor, te prometo que utilizaré este fuego de santidad para ministrar al necesitado, a los pobres y a los enfermos; a los que no te conocen; a mis parientes, a mis amigos y a mis enemigos. Jesús, prometo utilizar este fuego para la gloria de tu nombre y para la extensión de tu reino. Amén, amén y amén.*

El nos ha sacado de la mediocridad y nos ha llamado a ser héroes para Cristo. Algunos desean que el Señor haga algo grande y que comience por ellos. El Espíritu Santo me dijo que El quiere que muera en nosotros el orgullo de la originalidad. Algunos tratan de inventarse una estrategia "original" para ellos y por esta razón no cooperan con las estrategias de otros, y luego se preguntan por qué no triunfan. Solo aférrate a Jesucristo y triunfarás. Pero no puedes hacerlo con orgullo. ¡Sé santo!

Capítulo 14

¿CUÁN DESESPERADO ESTÁS POR EL FUEGO?

Hace algún tiempo me invitaron a predicar en una conferencia en otro país. En realidad yo no era el predicador originalmente previsto. Poco antes del evento, el invitado original informó a los organizadores que no podría asistir, y ellos me llamaron y pidieron que lo suplantara. Estuve de acuerdo, pues el Señor había confirmado en mi corazón que debía ir.

Como mi vuelo se retrasó, llegué justo a tiempo para ir directamente al servicio, y cuando estaba entrando al edificio me indicaron que ya llegaba mi turno para hablar.

Sin embargo los líderes emplearon mucho tiempo dando informes y tratando asuntos denominacionales antes de presentarme como el predicador invitado. Cuando me paré para dar el mensaje, el director de la conferencia se inclinó para darme el micrófono y decirme: "Hermano, le quedan sólo nueve minutos para predicar". Respiré profundamente y decidí que predicaría mi mensaje con tanta rapidez como pudiera: la gente podría escuchar por lo menos un pedacito de mi testimonio.

También me di cuenta de que el recibimiento no era demasiado cordial. Quizás la gente estaba decepcionada porque el primer predicador invitado no había podido asistir. Ellos no me conocían a mí ni a mi ministerio, excepto por la recomendación de algunos amigos misioneros. Pero aunque la atmósfera estaba una poco fría, el Señor tenía preparada una sorpresa para todos nosotros esa noche.

INTERRUMPIDO POR EL ESPÍRITU SANTO

Tomé el micrófono y comencé a hablar muy rápidamente, pero mientras predicaba había alguien que hablaba más fuerte que yo. El Espíritu Santo hablaba a mi corazón, mientras yo intentaba adelantar en el sermón. Muy claramente me dijo: "Deja de predicar ahora mismo". Luché con lo que oía. Era como si discutiera con el Espíritu Santo mientras intentaba predicar. Pero llegó un momento en que no podía concentrarme en lo que hablaba.

Dije: "Hermanos y hermanas, perdónenme por favor, pero no puedo seguir predicando. El Señor quiere hacer algo más aquí". ¡Lo más difícil era que yo no sabía *qué* era eso que el Señor quería hacer!

Pedí a la gente que inclinara la cabeza en oración, y entonces el Señor me dijo: "Llama al frente a todo aquél que está pensando en la muerte, luchando con pensamientos suicidas o escuchando voces mientras les predicas". Obedecí inmediatamente. En menos de tres minutos, unas 60 personas habían venido adelante. Algo en el mundo espiritual había sido destruido milagrosamente, mientras la gente se adelantaba. En un momento el Señor había realizado una liberación masiva, y la gloria de Dios cayó en ese lugar.

Muchas veces deseamos actuar de acuerdo con lo que ya sabemos, pero Dios quiere interrumpir. Esa noche aprendí que a menudo el Señor está diciendo: "Predicador, hazte a un lado. Hoy quiero hablarle directamente a mi gente". El Señor quiere hablarnos sobre cómo romper nuestra religiosidad—no nuestra religión, pero si nuestra religiosidad.

Religiosidad: un espíritu inmundo

La religiosidad es un espíritu inmundo; es un espíritu de burla hacia las cosas de Dios. Es un espíritu que viene sobre muchas iglesias a hacer escarnio del genuino mover de Dios. Es un espíritu que ata a la gente con rutinas vacías.

En la segunda jornada de esta conferencia, varias autoridades de la iglesia y líderes importantes se sentaron en la plataforma. Debido a esto, quise ser particularmente cuidadoso y respetuoso en mi predicación de ese día, y mientras hacía el llamado al altar leí el Salmo 51.

A medida que leíamos juntos ese salmo, la gloria de Dios descendió tan fuertemente que me resultaba imposible mantenerme en pie. Me aferré al púlpito para sostenerme, pero su base no era lo suficientemente fuerte; caí al suelo y el podio entero cayó sobre mí. ¿Se puede imaginar la vergüenza que experimenté? Quise levantarme, pero no podía.

Pensé: *Señor, ¿por qué me está sucediendo esto?* Podía ver los pies del superintendente y de otros dignatarios cerca de mi cabeza. El Señor me habló y dijo: "Hijo mío, quédate donde estás. Estoy utilizándote para romper el espíritu de religiosidad que imperaba en esta conferencia". A partir de ese momento y durante el resto de la conferencia, los asistentes comenzaron a pedirse perdón unos a otros. Algunos de los líderes que estaban en la plataforma bajaron y abrazaron a gente de la audiencia, pidiendo perdón humildemente. Misioneros y pastores se expresaban mutuamente su arrepentimiento por las fricciones y amarguras que existían entre ambos grupos. Toda la atmósfera de la conferencia cambió completamente cuando la gloria del Señor descendió. Esa noche, el

179

espíritu de religiosidad fue quebrado de tal forma en el lugar, que la unidad y el gozo comenzaron a fluir.

LA FE DE LA MUJER CANANEA

El capítulo quince del libro de Mateo relata la historia de la mujer cananea. Ella realmente parece haber estado en el lugar incorrecto en el momento incorrecto, pero aun así recibió un poderoso milagro del Señor, y terminó siendo recordada como una mujer de gran fe. Jeremías 29:13 tipifica la fe de la mujer cananea: "Y me buscaréis y me hallaréis, porque me buscaréis de todo vuestro corazón". Leemos el testimonio completo en Mateo 15:21–28:

> Saliendo Jesús de allí, se fue de la región de Tiro y de Sidón. Y he aquí una mujer cananea que había salido de aquella región clamaba, diciéndole "Señor, Hijo de David, ten misericordia de mí! Mi hija es gravemente atormentada por un demonio.
>
> Pero Jesús no le respondió palabra. Entonces acercándose sus discípulos, le rogaron, diciendo: "Despídela, pues da voces tras de nosotros".
>
> El respondiendo, dijo: "No soy enviado sino a las ovejas perdidas de la casa de Israel".
>
> Entonces ella vino y se postró ante él, diciendo: "¡Señor socórreme!"
>
> Respondiendo él, dijo: "No está bien tomar el pan de los hijos, y echarlo a los perrillos".
>
> Y ella dijo: "Sí, Señor; pero aun los perrillos comen de las migajas que caen de la mesa de sus amos".
>
> Entonces respondiendo Jesús, dijo: "¡Oh mujer, grande es tu fe! Hágase contigo como quieres". Y su hija fue sanada desde aquella hora.

Cuando consideramos este pasaje de Mateo, vemos que los discípulos se volvieron muy religiosos, aun estando al lado de Jesús. Ya tenían sus propias reglas y agendas. Jesús y los discípulos se habían aventurado al noroeste de Judea, a la región pagana conocida como Tiro. Jesús tomó un tiempo para descansar en privado. El texto paralelo en el libro de Marcos dice que Jesús había ido a una casa para esconderse y estar a solas con sus discípulos (véase Marcos 7:24). No era un día en que él estuviera ministrando a las masas que regularmente se reunían para oírlo.

Tratando de entrar sin credenciales

Pero en este momento de descanso, una mujer cananea encontró a Jesús y le pidió ayuda. Ella venía con muchas desventajas. Primero, era una mujer: en aquellos días, en Israel, se esperaba que las mujeres se mantuvieran calladas y que guardaran cierta distancia. En segundo lugar, era cananea descendiente de griegos; es decir, no era parte de las ovejas de Israel; carecía de las credenciales necesarias. Ella no era parte de los doce, ni de los setenta, ni de los quinientos; no tenía parte entre el pueblo de Dios.

Los israelitas miraban de reojo a los que no eran de su sangre o raza. Llamaban gentiles al resto de las personas y naciones, ¡y a veces hasta los llamaban perros! Los catalogaban como paganos porque no conocían a Dios.

Además ella estaba en el lugar incorrecto en el momento incorrecto. Jesús no estaba predicando o conduciendo una cruzada: Jesús estaba en un retiro. Es decir que esta mujer se hallaba en completa desventaja mientras reunía valor para acercarse a Jesús a pedirle una bendición. Pero vino clamando a gritos: "¡Señor, hijo de David, ten misericordia de mí! Mi hija es gravemente atormentada por un demonio" (v. 22).

EL TRAUMA EXIGE UNA RESPUESTA

¿Sabe por qué gritaba así? La mujer tenía un terrible problema en su hogar. Su hija sufría horriblemente al estar poseída por un demonio. Era una tortura porque ella sentía el dolor de su hija, pero no podía hacer nada para ayudarla. Entonces descubrió que Jesús estaba en las cercanías. Cuando hay traumas en la vida, el Señor los usa para que desde lo más profundo le pidamos ayuda, gritemos: "Señor, hijo de David, ten misericordia de mí", y busquemos su presencia. Algunos se amargan y entristecen cuando pasan por pruebas, pero Dios permite algunas de esas tribulaciones para glorificar el nombre de Jesús.

Algunos piensan: *Quisiera haber nacido en algún otro lugar o en otra familia. Otros creen: Si no hubiera experimentado tanto abuso en mi niñez, sería una persona feliz.* Tienen pesar en sus corazones por ser quienes son, por el lugar donde crecieron y al cual pertenecen. Pero mire lo que esta mujer hizo durante su tiempo de tormento: vino a Jesús y comenzó a romper las reglas de la religiosidad. No dijo: "El Señor es judío, y soy una mujer pagana; Él no querrá tener nada que ver conmigo" Ella fue adonde él estaba porque su hija sufría.

Hermano, aunque tu familia esté bien, tu barrio y tu ciudad están sufriendo terribles ataque demoníacos. Naciones enteras están bajo la autoridad de Satanás, y el Señor quiere cambiar eso de una vez por todas.

EL SILENCIO DE DIOS

El versículo 23 nos dice que Jesús no dijo nada después de haber escuchado los problemas de esta mujer. Qué difícil es cuando sólo oímos el silencio de Dios. Es como tomar el teléfono, marcar un número, oír a un ser amado decir:

"¿Hola?" y que luego sólo se oiga silencio. A veces el Señor se demora en contestar y su primera respuesta es el silencio.

Cuando hay orgullo en el corazón, nos ofendemos si el cielo no vuelve su oído hacia nosotros. Sentimos que Dios debe respondernos inmediatamente. Quizá algunos han estado experimentando el silencio de Dios. Estos momentos de silencio son para probar los corazones de sus hijos y ver si tenemos suficiente fe como para recibir un milagro. Durante los silencios de Jesús, muchos se han alejado de El; pero esta mujer vino al Señor y aunque no oyó una respuesta inmediata, estaba decidida a recibir algo de Dios.

LA RELIGIOSIDAD ENTRE LOS DISCÍPULOS

Para empeorar las cosas, los discípulos dijeron: "Despídela, pues da voces tras nosotros" (Mateo 15:23). Cuando nos toma el espíritu de religiosidad, ¡qué fácil es olvidarse del sufrimiento humano! Aquí encontramos a los discípulos de Jesús diciendo: "Señor, esta mujer nos está causando inconvenientes. Dile que se vaya". La respuesta que Jesús le da a la mujer es aún más fuerte y fría.

Puedo imaginarme a esta mujer desesperada, parada a poca distancia de Jesús, mirándolo y esperando una respuesta afirmativa. Está esperando pacientemente para ver si los discípulos le permiten acercarse a Jesús. Él responde a los discípulos diciendo: "No soy enviado sino a las ovejas perdidas de la casa de Israel" (Mateo 15:24). En otras palabras, estaba diciendo: "No estoy en Israel en este momento; no estoy con mi pueblo. Además, no es una de ellos. No puedo atenderla".

Sé que la mujer cananea debió haber visto lo qué sucedía y oído los comentarios. Ella sabía que no era bienvenida. Se sentía desdeñada y rechazada. Quizá era hora de darse vuelta, dejar atrás a Jesús y buscar la respuesta en otra religión.

Pero había algo en esta mujer que la ayudó a persistir. ¿Qué hubieras hecho en su lugar?

No puedo atenderlo ahora

Mucha gente dice: "Señor, tengo fe en ti", pero su fe dura solamente 15 minutos. Hay quienes han dejado de creer en las muchas bendiciones de Dios—la sanidad divina, el bautismo del Espíritu Santo, la posibilidad de que Jesús resucite a los muertos, la posibilidad de que los creyentes oren por los enfermos y estos se sanen. Su fe comienza a disminuir porque un día oyeron al Señor decir: "Fui enviado solamente a las ovejas perdidas de Israel". ¿Sabes lo que hacía Jesús con la mujer cananea? Él probaba su corazón.

Necesitamos fe y perseverancia

¿Te das cuenta de que no basta con tener fe? Esta mujer ya sabía muy bien que Jesús tenía el poder de curar a su hija. Ella tenía fe. Pero lo que también vemos en ella es perseverancia. El reino de Dios es para los violentos, y el violento lo toma por la fuerza (véase Mateo 11:12). Debes tener cierta audacia de fe para recibir un milagro de Dios.

Esta historia de la perseverancia se repite a través de la Biblia. En Lucas 8:43–48 aprendemos sobre la mujer enferma de flujo de sangre. La mujer tuvo una hemorragia que le duró 12 años y había gastado todo su dinero buscando un remedio. Estaba arruinada física, emocional y financieramente. Ella pensó: *Si sólo pudiera tocar el borde de su manto, sé que seré sanada.* Con mucha dificultad, empujó y empujó a través de la muchedumbre hasta que alcanzó a Jesús y tocó su ropa. En ese instante quedó curada. Su perseverancia, unida a la fe, hizo real su sanidad.

No te sientas ofendido por Dios

Cuando la mujer cananea dijo: "¡Señor, ayúdame!", observe la respuesta de Jesús: "No está bien tomar el pan de los hijos, y echarlo a los perrillos" (Mateo 15:26). ¿Qué habrías hecho en esta situación? Algunos probablemente hubieran vuelto a su casa ofendidos esa noche. Me encuentro con mucha gente que se siente ofendida por Dios. Dicen: "Dios no me ama. Busco a Dios, El les da a otros, pero yo no recibo nada". ¿Podría ser que Dios estuviera probando su fe y perseverancia?

La respuesta de Jesús fue muy fuerte: "No es justo tomar los milagros que tengo para la gente de Israel y dárselos a los extranjeros como usted". Hermano y hermana, no te eches atrás cuando estás buscando a Dios para que te dé un milagro. Cuando dices que tu nación "será tomada" por Dios, será tomada por la gente que dice: "Esta será una tierra bendecida. ¡Cada rincón de esta tierra sentirá la presencia de Dios!"

¡Si estás buscando una cosecha abundante, estás buscando algo bueno! Pero ante todo, necesitas sumergirte en la presencia de Dios. Como la mujer cananea, debes ir al Maestro y decirle: "Maestro, no me doy por vencido. Vine a recibir un milagro de ti, y aquí estoy. Estoy buscando y pidiendo". Algunas veces la respuesta de Dios nos resultará muy fuerte. La mujer cananea tenía fe y perseverancia, y aun así el Señor le contestó muy severamente.

Algunos han experimentado traumas religiosos muy dolorosos. Quizá tu pastor o alguien con autoridad espiritual te ha fallado y te sientes resentido. Desde entonces tu vida espiritual no ha estado llena del fuego de Dios. Te has encerrado, has dejado que se te apague el fuego, al ser incapaz perdonar.

Humildad, el ingrediente para ganar

La mujer cananea pudo haber sentido lástima por sí misma ese día. Pudo haber regresado a su casa y decir: "Me voy a casa ofendida. Mire lo que el maestro de Nazaret me ha dicho. Voy a buscar otra religión". Pero oiga lo que ella le dijo al Maestro:

> "Sí, Señor; pero aun los perrillos comen de las migajas que caen de la mesa de sus amos".
>
> —Mateo 15:27

En esa época, era bastante frecuente que los perros comieran las migajas que caían de la mesa. Sus amos no les permitían comer directamente de la mesa, pero sí lo qué caía al piso. Esta mujer decía: "Señor, aunque sean sólo las migajas, dámelas por favor. Tomaría incluso el sobrante de un milagro si ayudara a aliviar el sufrimiento de mi hija". Debemos decir: "Señor, si no puedo sentarme en la fila delantera, tomaré lo que me des, aunque sea de la última fila. Si no me dejan entrar por la entrada principal, esperaré en la acera o en el estacionamiento. Deseo recibir lo que tienes para mí".

Esta mujer no sólo tenía fe y perseverancia, también tenía humildad. Ella persistió y el Señor le contestó: "Oh, mujer, grande es tu fe; hágase contigo como quieres" (Mateo 15:28). Todos deseamos que Dios nos diga estas palabras, pero antes de que lo haga, tiene que haber un quebrantamiento y una renuncia al orgullo y a la confianza en sí mismo. Tenemos que estar listos para entregar nuestros horarios, agendas y aspiraciones personales. Cuando venimos a Cristo, nos arrodillamos delante de él y decimos: "Señor, yo sé que tú puedes hacerlo, no importa cuánta resistencia deba enfrentar. Sé que eres el Dios de los milagros".

> *Si quieres recibir su fuego santo, debes*
> *estar dispuesto a cambiar.*

Para recibir sus bendiciones y fuego santo, tienes que estar dispuesto a sufrir una transformación. Dios está en la tarea de transformar al transformado. Si has sido transformado, no pienses que este mensaje no es para ti. Dios quiere transformarte otra vez. Él está cambiando a aquellos que ya han sido cambiados. Si tu vida ha estado pasando por una serie de cambios, quiero que sepas que el Espíritu Santo no terminó contigo. Él quiere transformarnos y continuar haciéndolo hasta que crezcamos a la medida de la estatura de la plenitud de Cristo (véase Efesios 4:13). Nuestra meta es ser semejantes a Cristo. Si no estás ahí todavía, tú y yo debemos seguir creciendo para asemejarnos más a él cada día.

¿Quieres una fórmula que te permita recibir de Dios? Esta es la fórmula bíblica: fe, perseverancia y humildad. ¿Quieres ver un milagro de Dios en tu iglesia? ¿Quieres ver muchas almas convertidas a Jesucristo? ¿Quieres ver un poderoso mover de Dios en tu ciudad? No importa qué programa evangelístico elijas, el primer y más significativo ingrediente es buscar a Dios con fe, perseverancia y el humildad.

TRES DIMENSIONES DINÁMICAS

La Iglesia tienen el poder de invadir el planeta Tierra con el evangelio. Pero algo está frenando que la Iglesia impacte a las naciones a lo ancho del mundo con una fuerza mayor que la que estamos viendo en el presente. No es la falta de recursos. La Iglesia primitiva tenía muchos menos de los que tenemos. Tampoco es la falta de tecnología. Pero puede ser el síndrome de santidad parcial, que es idéntico al síndrome de pecaminosidad parcial de la Iglesia.

Necesitamos un nuevo derramamiento del Espíritu Santo en la iglesia de hoy. Nada acelerará más la causa de la Gran Comisión que el fuego de Dios en su pureza, poder y pasión por las almas.

Te sugiero las siguientes tres dimensiones en las cuales podemos vivir en el Espíritu Santo:

Primero, conviértete en un *buscador del fuego*. Haz que la búsqueda de Dios sea tu viaje de por vida.

En segundo lugar, conviértete en un *portador del fuego*. A medida que sigues buscándolo, permite que el Espíritu Santo descienda sobre ti poderosamente. Tú no puedes producir esto, pero puedes vivir en una constante disposición a que suceda. *Es imposible que Dios te niegue su Espíritu Santo si genuinamente esperas en Él.* Y una vez que recibes el fuego de su santidad, llévaselo a otros. Haz todo el bien que puedas. Vuelve a aprender a ministrar en el poder de Dios.

Finalmente, conviértete en alguien *transportado por el fuego*. Llega al punto de estar tan entregado a Dios que Él no encuentre ninguna resistencia. El fuego de Dios te dirigirá. Sentirás que eres dirigido por el Espíritu y llevado por su poder. Esta madurez no vendrá automáticamente. No es un suceso, sino un proceso y una relación de por vida. Morar en este nivel de la gloria es ciertamente sobrecogedor. Pero no es una extravagancia espiritual; es la sana vida cristiana y una amistad íntima con Dios.

Cuando llevas este estilo de vida, tú mueres no solamente al mal, sino también a las cosas buenas. Cuando le das todo a Dios, debes recordar que todo lo que disfrutas en la vida es un regalo de Él: tu futuro, tu carrera y tu ministerio deben permanecer constantemente sobre el altar de la consagración.

APÉNDICE

Escrituras que nos ayudarán a vivir en pureza

Génesis 17:1: Era Abram de edad de noventa y nueve años, cuando le apareció Jehová y le dijo: Yo soy el Dios Todopoderoso; anda delante de mí y sé perfecto.

Levítico 10:10: para poder discernir entre lo santo y lo profano, y entre lo inmundo y lo limpio.

Levítico 11:45: Porque yo soy Jehová, que os hago subir de la tierra de Egipto para ser vuestro Dios: seréis, pues, santos, porque yo soy santo.

Levítico 20:26: Habéis, pues, de serme santos, porque yo Jehová soy santo, y os he apartado de los pueblos para que seáis míos.

Deuteronomio 18:13: Perfecto serás delante de Jehová tu Dios.

Deuteronomio 23:14: porque Jehová tu Dios anda en medio de tu campamento, para librarte y para entregar a tus enemigos delante de ti; por tanto, tu campamento ha de ser santo, para que él no vea en ti cosa inmunda, y se vuelva de en pos de ti.

2 Samuel 22:26, 27: Con el misericordioso te mostrarás misericordioso, y recto para con el hombre íntegro. Limpio te mostrarás para con el limpio, y rígido serás para con el perverso.

Salmo 15:1–3: Jehová, ¿quién habitará en tu tabernáculo? ¿Quién morará en tu monte santo? El que anda en integridad y hace justicia, y habla verdad en su corazón. El que no calumnia con su lengua, ni hace mal a su prójimo, ni admite reproche alguno contra su vecino.

Salmo 84:11: Porque sol y escudo es Jehová Dios; gracia y gloria dará Jehová. No quitará el bien a los que andan en integridad.

Salmo 101:2: Entenderé el camino de la perfección cuando vengas a mí. En la integridad de mi corazón andaré en medio de mi casa.

Salmo 119:1–4: Bienaventurados los perfectos de camino, los que andan en la ley de Jehová. Bienaventurados los que guardan sus testimonios, y con todo el corazón le buscan; pues no hacen iniquidad los que andan en sus caminos. Tú encargaste que sean muy guardados tus mandamientos.

Salmo 119:9: ¿Con qué limpiará el joven su camino? Con guardar tu palabra.

Isaías 35:8: Y habrá allí calzada y camino, y será llamado Camino de Santidad; no pasará inmundo por él, sino que él mismo estará con ellos; el que anduviere en este camino, por torpe que sea, no se extraviará.

Ezequiel 44:23: Y enseñarán a mi pueblo a hacer diferencia entre lo santo y lo profano, y les enseñarán a discernir entre lo limpio y lo no limpio.

Daniel 11:35: También algunos de los sabios caerán para ser depurados y limpiados y emblanquecidos, hasta el tiempo determinado; porque aun para esto hay plazo.

Daniel 12:10: Muchos serán limpios, y emblanquecidos y purificados; los impíos procederán impíamente, y ninguno de los impíos entenderá, pero los entendidos comprenderán.

Mateo 5:48: Sed, pues, vosotros perfectos, como vuestro Padre que está en los cielos es perfecto.

Mateo 19:21, 22: Jesús le dijo: Si quieres ser perfecto, anda, vende lo que tienes, y dalo a los pobres, y tendrás tesoro en el cielo; y ven y sígueme. Oyendo el joven esta palabra, se fue triste, porque tenía muchas posesiones.

Romanos 6:19: Hablo como humano, por vuestra humana debilidad; que así como para iniquidad presentasteis vuestros miembros para servir a la inmundicia y a la iniquidad, así ahora para santificación presentad vuestros miembros para servir a la justicia.

Romanos 12:2: No os conforméis a este siglo, sino transformaos por medio de la renovación de vuestro entendimiento, para que comprobéis cuál sea la buena voluntad de Dios, agradable y perfecta.

1 Corintios 1:8: (nuestro Señor Jesucristo) el cual también os confirmará hasta el fin, para que seáis irreprensibles en el día de nuestro Señor Jesucristo.

1 Corintios 1:30: Mas por él estáis vosotros en Cristo Jesús, el cual nos ha sido hecho por Dios sabiduría, justificación, santificación y redención.

2 Corintios 5:15: y por todos murió, para que los que viven, ya no vivan para sí, sino para aquel que murió y resucitó por ellos.

2 Corintios 13:11: Por lo demás, hermanos, tened gozo, perfeccionaos, consolaos, sed de un mismo sentir, y vivid en paz; y el Dios de paz y de amor estará con vosotros.

Efesios 1:4: según nos escogió en él antes de la fundación del mundo, para que fuésemos santos y sin mancha delante de él.

Efesios 5:1: Sed, pues, imitadores de Dios como hijos amados.

Efesios 5: 26, 27: para santificarla, habiéndola purificado en el lavamiento del agua por la palabra, a fin de presentársela a sí mismo, una iglesia gloriosa, que no tuviese mancha ni arruga ni cosa semejante, sino que fuese santa y sin mancha.

Filipenses 1:9, 10: Y esto pido en oración, que vuestro amor abunde aún más y más en ciencia y en todo conocimiento, para que aprobéis lo mejor, a fin de que seáis sinceros e irreprensibles para el día de Cristo.

Filipenses 2:15: para que seáis irreprensibles y sencillos, hijos de Dios sin mancha en medio de una generación maligna y perversa, en medio de la cual resplandecéis como luminares en el mundo.

Filipenses 3:12: No que lo haya alcanzado ya, ni que ya sea perfecto; sino que prosigo, por ver si logro asir aquello para lo cual fui también asido por Cristo Jesús.

Colosenses 1:22: en su cuerpo de carne, por medio de la muerte, para presentaros santos y sin mancha e irreprensibles delante de él.

Colosenses 1:28: a quien anunciamos, amonestando a todo hombre, y enseñando a todo hombre en toda sabiduría, a fin de presentar perfecto en Cristo Jesús a todo hombre.

1 Tesalonicenses 4:4, 5: que cada uno de vosotros sepa tener su propia esposa en santidad y honor; no en pasión de concupiscencia, como los gentiles que no conocen a Dios.

1 Tesalonicenses 4:7: Pues no nos ha llamado Dios a inmundicia, sino a santificación.

1 Tesalonicenses 5:22, 23: Absteneos de toda especie de mal. Y el mismo Dios de paz os santifique por completo; y todo vuestro ser, espíritu, alma y cuerpo, sea guardado irreprensible para la venida de nuestro Señor Jesucristo.

1 Timoteo 2:8: Quiero, pues, que los hombres oren en todo lugar, levantando manos santas, sin ira ni contienda.

1 Timoteo 4:12: Ninguno tenga en poco tu juventud, sino sé ejemplo de los creyentes en palabra, conducta, amor, espíritu, fe y pureza.

1 Timoteo 5:22: No impongas con ligereza las manos a ninguno, ni participes en pecados ajenos. Consérvate puro.

2 Timoteo 2:20–22: Pero en una casa grande, no solamente hay utensilios de oro y de plata, sino también de madera y de barro; y unos son para usos honrosos, y otros para usos viles. Así que, si alguno se limpia de estas cosas, será instrumento para honra, santificado, útil al Señor, y dispuesto para toda buena obra. Huye también de las pasiones juveniles, y sigue la justicia, la fe, el amor y la paz, con los que de corazón limpio invocan al Señor.

Tito 1:6, 7: el que fuere irreprensible, marido de una sola mujer, y tenga hijos creyentes que no estén acusados de disolución ni de rebeldía. Porque es necesario que el obispo sea irreprensible, como administrador de Dios; no soberbio, no iracundo, no dado al vino, no pendenciero, no codicioso de ganancias deshonestas.

Tito 2:12: enseñándonos que, renunciando a la impiedad y a los deseos mundanos, vivamos en este siglo sobria, justa y piadosamente.

Hebreos 12:10: Y aquéllos, ciertamente por pocos días nos disciplinaban como a ellos les parecía, pero éste para lo que nos es provechoso, para que participemos de su santidad.

Hebreos 12:14: Seguid la paz con todos, y la santidad, sin la cual nadie verá al Señor.

Hebreos 13:18: Orad por nosotros; pues confiamos en que tenemos buena conciencia, deseando conducirnos bien en todo.

Santiago 1:27: La religión pura y sin mácula delante de Dios el Padre es esta: Visitar a los huérfanos y a las viudas en sus tribulaciones, y guardarse sin mancha del mundo.

1 Pedro 1:15: sino, como aquel que os llamó es santo, sed también vosotros santos en toda vuestra manera de vivir.

1 Pedro 1:16: porque escrito está: Sed santos, porque yo soy santo.

1 Pedro 2:9: Mas vosotros sois linaje escogido, real sacerdocio, nación santa, pueblo adquirido por Dios, para que anunciéis las virtudes de aquel que os llamó de las tinieblas a su luz admirable.

1 Pedro 2:12: manteniendo buena vuestra manera de vivir entre los gentiles; para que en lo que murmuran de vosotros como de malhechores, glorifiquen a Dios en el día de la visitación, al considerar vuestras buenas obras.

2 Pedro 1:4: por medio de las cuales nos ha dado preciosas y grandísimas promesas, para que por ellas lleguéis a ser participantes de la naturaleza divina, habiendo huido de la corrupción que hay en el mundo a causa de la concupiscencia.

2 Pedro 2:20: Ciertamente, si habiéndose ellos escapado de las contaminaciones del mundo, por el conocimiento del Señor y Salvador Jesucristo, enredándose otra vez en ellas son vencidos, su postrer estado viene a ser peor que el primero.

2 Pedro 3:11: Puesto que todas estas cosas han de ser deshechas, ¡cómo no debéis vosotros andar en santa y piadosa manera de vivir!

2 Pedro 3:14: Por lo cual, oh amados, estando en espera de estas cosas, procurad con diligencia ser hallados por él sin mancha e irreprensibles, en paz.

1 Juan 2:6: El que dice que permanece en él, debe andar como él anduvo.

1 Juan 2:15: No améis al mundo, ni las cosas que están en el mundo. Si alguno ama al mundo, el amor del Padre no está en él.

1 Juan 3:3: Y todo aquel que tiene esta esperanza en él, se purifica a sí mismo, así como él es puro.

1 Juan 3:6: Todo aquel que permanece en él, no peca; todo aquel que peca, no le ha visto, ni le ha conocido.

1 Juan 3:9: Todo aquel que es nacido de Dios, no practica el pecado, porque la simiente de Dios permanece en él; y no puede pecar, porque es nacido de Dios.

1 Juan 4:17: En esto se ha perfeccionado el amor en nosotros, para que tengamos confianza en el día del juicio; pues como él es, así somos nosotros en este mundo.

Apocalipsis 22:11: El que es injusto, sea injusto todavía; y el que es inmundo, sea inmundo todavía; y el que es justo, practique la justicia todavía; y el que es santo, santifíquese todavía.

Apocalipsis 22:14, 15: Bienaventurados los que lavan sus ropas, para tener derecho al árbol de la vida, y para entrar por las puertas en la ciudad. Mas los perros estarán fuera, y los hechiceros, los fornicarios, los homicidas, los idólatras, y todo aquel que ama y hace mentira.

ESCRITURAS SOBRE LA NECESIDAD DE CONFESIÓN Y ARREPENTIMIENTO DE LOS PECADOS

Salmo 119:128: Por eso estimé rectos todos tus mandamientos sobre todas las cosas, y aborrecí todo camino de mentira.

2 Corintios 7:1: Así que, amados, puesto que tenemos tales promesas, limpiémonos de toda contaminación de carne y de espíritu, perfeccionando la santidad en el temor de Dios.

2 Pedro 3:14: Por lo cual, oh amados, estando en espera de estas cosas, procurad con diligencia ser hallados por él sin mancha e irreprensibles, en paz.

1 Juan 1:9: Si confesamos nuestros pecados, él es fiel y justo para perdonar nuestros pecados, y limpiarnos de toda maldad.

ESCRITURAS QUE DICEN QUE LA PURIFICACIÓN NO VIENE A TRAVÉS DE NUESTROS PROPIOS ESFUERZOS

Levítico 20:8: Y guardad mis estatutos, y ponedlos por obra. Yo Jehová que os santifico.

2 Samuel 22:33: Dios es mi fortaleza poderosa, y el que pone al íntegro en su camino (LBLA).

Ezequiel 11:18–20: Y volverán allá, y quitarán de ella todas sus idolatrías y todas sus abominaciones. Y les daré un corazón, y un espíritu nuevo pondré dentro de ellos; y quitaré el corazón de piedra de en medio de su carne, y les daré un corazón de carne, para que anden en mis ordenanzas, y guarden mis decretos y los cumplan, y me sean por pueblo, y yo sea a ellos por Dios.

Zacarías. 3:9: Porque he aquí aquella piedra que puse delante de Josué; sobre esta única piedra hay siete ojos; he aquí yo grabaré su escultura, dice Jehová de los ejércitos, y quitaré el pecado de la tierra en un día.

1 Tesalonicenses 3:13: a fin de que El afirme vuestros corazones irreprensibles en santidad delante de nuestro Dios y Padre, en la venida de nuestro Señor Jesús con todos sus santos (LBLA).

1 Tesalonicenses 5:23, 24: Y el mismo Dios de paz os santifique por completo; y todo vuestro ser, espíritu, alma y cuerpo, sea guardado irreprensible para la venida de nuestro Señor Jesucristo. Fiel es el que os llama, el cual también lo hará.

Hebreos 10:10: En esa voluntad somos santificados mediante la ofrenda del cuerpo de Jesucristo hecha una vez para siempre.

Para obtener mayor información acerca
del ministerio de Sergio Scataglini:

SCATAGLINI MINISTRIES, INC.

PO Box 301
Mesa, AZ 85211-0301
USA

Tel: 574-259-7729
E-mail: info@scataglini.com

www.scataglini.com

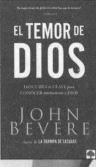

Si Dios lo hiciera a su manera, ¿cómo serían nuestras iglesias?

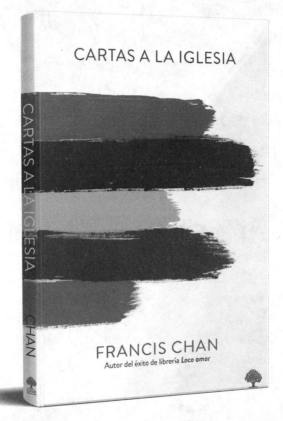

Cuando Jesús regrese, ¿nos encontrará cuidando de su Novia más que de nuestras propias vidas? *Cartas a la Iglesia* nos recuerda lo poderosa y gloriosa que fue la Iglesia una vez... y nos desafía a volver a ser esa Iglesia, la que Dios ideó.

Te invitamos a que visites nuestra página web, donde podrás apreciar la pasión por la publicación de libros y Biblias:

www.casacreacion.com

Para vivir la Palabra